中山路

孫中山文化粵港澳行 文萃

主編：丘樹宏 李大宏

香港
深圳
惠州
東莞
廣州
澳門
佛山
肇慶
江門
珠海
中山

大公報出版有限公司

序言

《中山路——「孫中山文化粵港澳行」文萃》

丘樹宏

　　這是 2019 年 2 月 18 日《粵港澳大灣區發展規劃綱要》發佈之後，第一部沿著 11 個地區、城市走一圈寫成的著作。

　　這是自 2007 年中山市提出「孫中山文化」概念之後，描述孫中山與粵港澳 11 個地區、城市淵源關係的第一部著作。

　　這是《粵港澳大灣區發展規劃綱要》發佈後，香港和珠三角地區機構以大灣區爲主題合作出版的第一部著作。

　　全世界最多的路是「中山路」。據不完全統計，直接叫中山

路，或者與孫中山有關的路多達 360 多條，每一條路，都有著豐富而生動的人文歷史底蘊。書名定爲《中山路——「孫中山文化粵港澳行」文萃》（以下簡稱《中山路》），其實有兩個方面的含義，第一是孫中山先生走過的路或者與他有關的史徑，這是「形」；第二是通過「形」的描述，表現孫中山先生的思想、理論、革命之路，進而描寫各個城市的發展之路，這是「魂」。這也就從一個側面，反映了中國現代化建設之路。十年前，本人曾經策劃撰寫一部大型報告文學《中山路——追尋近代中國的現代化腳印》、拍攝大型電視專題片《中山路紀實》，也是本著這個思路來做的，因此可以說，今天的這部書應該是「中山路」主題的第三個作品了。

　　《中山路》由三個部分組成。第一部分「現場」，是此次粵港澳行的報道文章；第二部分「探索」，是孫中山文化概念提出之後，有關孫中山文化的活動、報道、研究等有關資料；第三部分「淵源」，是孫中山與《大公報》的關係。

　　在第一部分，除了採訪粵港澳大灣區 11 個地區、城市中孫中山以及與他有關的史跡外，重點了解和表現孫中山文化與這些城市的關係和歷史影響與現實影響，以及在粵港澳大灣區背景下，這些城市如何進一步發掘和利用孫中山文化，開展更多更豐富有效的交流合作，爲共建人文灣區、建設大灣區文化圈，形成

人文價值鏈，增強文化認同、情感認同、國家認同等等，進行深入的探尋和報道。

中山市 2007 年首倡孫中山文化概念，2008 年成爲中山第一城市品牌，2011 年上升爲廣東省命題，今年寫入《粵港澳大灣區發展規劃綱要》，則正式成爲國家命題、國家戰略。十年來，尤其是在辛亥革命 100 周年和孫中山先生誕辰 150 周年紀念活動中，中山市以及各有關方面，對孫中山文化做了大量卓有成效的工作，範圍涉及政治紀念、學術研究、文化活動、經濟社會發展和城市建設，以及民生實事等方面，影響廣泛，成果豐碩。

《大公報》與孫中山先生淵源非常深厚。《大公報》從 1905 年開始報道孫中山，直到 1925 年孫中山去世，他的形象也經歷了從辛亥革命前的「革命黨孫文」到辛亥革命時期的「民國之首功者」的變化。辛亥革命爆發後，《大公報》對孫中山的報道著力更多，與孫中山有關的每一個重要歷史階段和重要事件，都有大量的報道。孫中山先生逝世後，《大公報》闢專版刊登《孫中山先生逝世》長文、發表評論《哀孫中山先生》，充分肯定孫中山一生的奮鬥。1929 年，國民黨爲孫中山舉行奉安大典前，《大公報》蓋棺定論，稱其爲「一代偉人」。這些記錄之豐富、之翔實，彌足珍貴，在今天同樣極具意義。

《中山路》無疑是此次大型人文採訪報道活動的重要成果。

近年來，廣東省正在建設南粵古驛道這一重要工程，而粵港澳大灣區孫中山文化遊徑則是其中排在首位的工程，並且需要今年內建設完成。我們的成果恰好可以提供一個重要的線路和內容設計的藍本，因此自然也成爲南粵古驛道建設的一個重要成果了。2019年度的香港書展將於 7 月 22 日盛大開幕，《中山路》正好趕上作爲一份很有意義的獻禮。

借此機會，對有關機構和人士表達深深的謝意——

衷心感謝廣東省人民政府副省長許瑞生先生，他在百忙中率省有關部門蒞臨出席 5 月 16 日在孫中山先生家鄉翠亨村的「孫中山文化粵港澳行」啓動儀式，並爲採訪團授旗。

衷心感謝香港《大公報》，以及大公文匯傳媒集團董事長兼香港大公報、文匯報社長姜在忠先生，總編輯李大宏先生和他的採訪、編輯與出版團隊，只有這樣優秀的團隊才有這樣優秀的成果。

衷心感謝珠江三角洲九個城市的市政協，他們爲我們的採訪和報道提供了周到而良好的服務和安排。

衷心感謝《南方日報》、廣東廣播電視台、《中山日報》、中山廣播電視台等各有關媒體，他們的配合和支持，使得這次活動風生水起、一紙風行、影響空前。

衷心感謝參與採訪報導的所有專家、學者以及所有採訪單位，他們爲活動提供了大量詳實、眞切而生動感人的史實和資料。

衷心感謝香港鄉賢、香港中山社團總會主席楊凱山先生，以及香港雅士維傳媒集團、中山市嘉華實業有限公司對著作出版的大力支持。

　　最後，還要特別感謝這次活動的工作團隊趙汝慶、仇婉萍、劉志巍、郭昉凌、劉建芳、黃健敏、林華煊、陳志堅、羅玉靜、羅愛文、鄭曼玲、鄧泳秋、邢立羣，只有這樣優秀的團隊才有這樣優秀的成果。

2019 年 6 月

創新「孫中山文化」內涵 共建粵港澳人文灣區

姜在忠

「大道之行也，天下爲公。」以此爲目標一生孜孜以求的孫中山先生，是一位偉大的民族英雄、偉大的愛國主義者，是中國民主革命的偉大先驅。他以革命爲己任，立志救國救民，爲中華民族作出了彪炳史冊的貢獻。他的一生，是爲近代中國的民族獨立、民權自由、民生幸福而無私奉獻的一生，是爲實現國家統一、振興中華而殫精竭慮的一生。孫中山先生熱愛祖國、獻身祖國的崇高風範，天下爲公、心繫民衆的博大情懷，追求眞理、與時俱進的優秀品質，堅韌不拔、百折不撓的奮鬥精神，就是他留給我們的寶貴精神遺產。

2016 年 11 月，習近平總書記在紀念孫中山先生誕辰 150 周年大會上發表重要講話，號召全體中華兒女學習和繼承孫中山先生的寶貴精神，團結一切可以團結的力量，調動一切可以調動的因素，爲中山先生夢寐以求的振興中華而繼續奮鬥。

值得告慰先生的是，當前，中國比歷史上任何時期都更接近中華民族偉大復興的目標。習近平總書記親自謀劃、親自部署、親自推動的粵港澳大灣區發展戰略，更爲新時代推動形成中國全面開放新格局、建設與國際接軌的開放型經濟新體制、不斷把中

華民族偉大復興事業推向前進，提供了千載難逢的發展機遇。

也因此，當下正是傳承和弘揚孫中山的思想、精神和文化遺產，擦亮孫中山文化品牌的最佳時機。今年 2 月 18 日，國務院正式發佈的《粵港澳大灣區發展規劃綱要》中就特別提出，「要共建人文灣區」、「支持中山深度挖掘和弘揚孫中山文化資源」。

事實上，粵港澳大灣區中的 11 個地區和城市，都與孫中山先生有著深厚的歷史淵源，這些地方留下的豐富歷史印跡，形成了獨特的文化現象和人文價值。在今天，挖掘和弘揚孫中山文化資源，創新和昇華孫中山文化的嶄新內容，對於共建人文灣區，促進粵港澳文化文流，增進港澳民眾的文化認同感和民族歸屬感，推動大灣區的融合發展，都具有非常重要的現實意義。

《大公報》於 1902 年創立，是迄今歷史最悠久的華文報章。《大公報》與孫中山先生在歷史上有著深厚的淵源。辛亥革命之後，孫中山先生被推舉為中華民國臨時大總統時，《大公報》就及時推出了多篇連續報道，就其高票當選、遭到行刺、外交團反應等情況進行如實追蹤。1925 年初，對因勞累過度而病倒在床的孫中山先生，《大公報》亦予以密切關注，就其病情、活動甚至生命後期每天的體溫和脈搏，都加以詳細報道。1925 年 3 月 12 日，孫中山先生溘然長逝，舉國悲哀。《大公報》於 3 月 13 日闢出專版刊登《孫中山先生逝世》長文、發表評論《哀孫中山先

生》，緬懷孫中山先生爲中國人民鞠躬盡瘁的光輝一生。1929年，在爲孫中山先生舉行奉安大典前，大公報更不吝溢美之詞，尊頌其爲「一代偉人」。可以說，在此期間，大公報始終堅持客觀公正的筆調，充分肯定了孫中山先生爲中華民族的獨立與復興奮鬥一生所取得的歷史功勳，突出其「創立民國之首功」的形象。這些記錄之翔實權威，對於後世研究和弘揚孫中山精神而言，彌足珍貴。

百餘年風雲激蕩，大公報始終堅持文章報國的愛國傳統，忠實記錄時代變遷，積極推動歷史進程，爲祖國的發展建設和香港的繁榮穩定做出了積極的貢獻。2016年，大公報與香港文匯報合併組成香港大公文匯傳媒集團，旗下集大公報、文匯報等多份報章以及全媒體新聞中心傳播平台，擁有強大的傳統媒體和新媒體傳播力，以及覆蓋香港和內地的廣大傳播網絡，是溝通兩地的「連絡人」，更是連接海內外華人社會的重要橋樑。

此次與中山市政協聯合籌辦「孫中山文化粵港澳行」的活動，深感使命在肩，意義重大。我們作爲愛國愛港全媒體旗艦所具有的傳播優勢，與中山市等大灣區城市群獨特的孫中山文化資源相結合，爲「孫中山文化粵港澳行」大型人文採訪活動創造了獨一無二的條件，也爲本次活動取得圓滿成功奠定了良好的基礎。

一個多月來，我們調動了採編隊伍中的骨幹力量，採取多種

形式的傳播手段，順利完成了本次採訪活動的報道任務。此番將報道文章和相關資料編輯成冊，希望廣大讀者尤其是港澳青年，能從中學習和繼承孫中山先生的愛國精神，積極投入粵港澳大灣區的建設中去，以不畏艱險、攻堅克難的勇氣，以昂揚向上、奮發有爲的銳氣，不斷將中華民族偉大復興事業推向前進。

2019 年 6 月

目録

第一章

現場：孫中山文化粵港澳行

走訪 11 城追尋偉人史跡 推進人文灣區建設

「孫中山文化粵港澳行」啟動

▲廣東省人民政府副省長許瑞生（圖中揮旗者）向孫中山文化粵港澳行聯合採訪組授旗

　　5月16日，「孫中山文化粵港澳行」大型人文採訪活動在中山啟動。本次活動，由中山市政協與香港大公報聯合主辦，大公報記者與中山市媒體組成聯合採訪組，共同走訪大灣區城市群，挖掘孫中山文化對當地的影響，帶動人文灣區建設。啟動儀式上，廣東省人民政府副省長許瑞生向聯合採訪組授旗，標誌本次採訪之旅正式開始。

本次「孫中山文化粵港澳行」大型人文採訪活動旨在追尋孫中山文化的粵港澳史跡，推進以孫中山文化爲重要載體建設粵港澳人文大灣區。香港大公報作爲活動的主辦單位之一，將通過走訪粵港澳大灣區 11 座城市，策劃 11 個專題版講述每個城市與孫中山的深厚歷史淵源。

中山市政協主席丘樹宏介紹，孫中山先生與粵港澳大灣區 11 個城市都有着密切聯繫，是各地人文交流的重要「公約數」。挖掘和弘揚孫中山文化資源，有助於進一步增強粵港澳大灣區各地的情感認同和文化認同，對於建設人文灣區有着重要的助推作用。

各地人文交流重要「公約數」

「在粵港澳大灣區弘揚孫中山文化，既可繼承和弘揚中華傳統優秀文化，又可以連接『一帶一路』，加強與世界各國優秀文化交流互鑒。」丘樹宏表示，本次活動以翠亨村孫中山故居爲原點，循着粵港澳孫中山文化史跡徑，展現孫中山百年前的史跡和新時代中國發展脈搏，增進粵港澳大灣區的文化認同、情感認同，進而形成人文價值鏈。孫中山文化史跡徑連接了海上絲路和陸上絲路的重要足跡點，深度挖掘和弘揚孫中山文化資源，將進一步推動南粵古驛道保護利用工作，爲落實《粵港澳大灣區發展規劃綱要》的戰略部署貢獻政協力量、新聞力量、文化力量。

今年 2 月 18 日，國務院正式發布的《粵港澳大灣區發展規劃綱要》中特別提出，「要共建人文灣區」「支持中山深度挖掘和弘

揚孫中山文化資源」。而孫中山文化則是其中最大的文化公約數，是大灣區的橋樑和紐帶，以其為重要載體開展廣泛而豐富的文化交流與合作，對於塑造灣區人文精神、共同推動文化繁榮發展、加強粵港澳青少年交流、推動中外文化交流互鑒，都有着重要而特殊的意義和作用。

「孫中山文化粵港澳行」首次將大灣區內孫中山的史跡、思想、精神等文化要素，以及大灣區城市群如何傳承發揚孫中山文化，促進其發展等新時代內涵串聯起來進一步加強粵港澳交流合作，為人文灣區建設貢獻智慧與力量。

李大宏：助增港人國家認同

香港大公文匯傳媒集團總編輯李大宏表示：「粵港澳大灣區包括港澳和珠三角的九個城市，都與孫中山先生有着深厚的歷史淵源，留下了豐富的歷史印跡，形成了獨特的文化現象和人文價值。」李大宏認為，挖掘和弘揚孫中山文化資源，創新和昇華孫中山文化的內容，對於共建人文灣區，促進粵港澳文化交流，增進港澳民眾的文化認同感、國家認同感，推動大灣區的融合發展，都具有非常重要的現實意義。

百年《大公》記錄孫中山功績

《大公報》於1902年創立，作為迄今全球歷史最悠久的華文報章，這份百年老報與孫中山先生在歷史上有着深厚的淵源。從1905年開始報道孫中山，直到

▲民眾在孫中山故居參觀

1925年孫中山去世，《大公報》從多方面肯定孫中山取得的歷史功績，强化其「創立民國之首功」的形象，記錄之翔實，彌足珍貴。

孫中山於1912年被推舉為中華民國臨時總統時，《大公報》對其進行了多篇連續報道，包括孫中山高票當選、遭到行刺、外交團反應等情況。1925年3月12日，孫中山病故。從1925年初直到3月12日，對他的病情、活動甚至生命後期每天的體溫和脈搏，《大公報》都詳細報道，3月13日更闢專版刊登〈孫中山先生逝世〉長文、發表評論〈哀孫中山先生〉，充分肯定孫中山一生之奮鬥。1929年，在為孫中山舉行奉安大典前，《大公報》為之蓋棺論定，稱其為「一代偉人」。

▲中山市政協主席丘樹宏表示，孫中山文化正是大灣區人文建設的重要抓手

丘樹宏：挖掘歷史淵源　創人文價值鏈

在「孫中山文化粵港澳行」舉辦期間，中山市政協主席丘樹宏在接受記者採訪時表示，粵港澳大灣區應注重人文價值鏈的發掘與融合，而孫中山文化正是大灣區人文建設的重要抓手。

丘樹宏指出，粵港澳大灣區發展的核心，無疑是經濟建設，比如基礎設施的互聯互通，利益共享產業價值鏈的培育，金融核心圈的共建，全球創新高地的打造，大灣區優質生活圈的營造，以及全域旅遊產業的建設、「一帶一路」開放新格局的構建等。

助推大灣區多元文化興起

但他也坦言，大灣區融合發展中人文價值鏈這一核心元素一直未受到充分關注，「這恰恰是粵港澳大灣區非常突出的東西，是東京灣區、紐約灣區、三藩市灣區所不具備的獨特的元素。粵港澳有

着非常豐富而集中突出的人文價值鏈，而這正使得這個大灣區的交融與合作具備了最大公約數的核心和靈魂。」

　　作為《粵港澳大灣區發展規劃綱要》正式發布後的首次孫中山文化主題活動，丘樹宏認為，「孫中山文化粵港澳行」將充分挖掘孫中山與大灣區城市群的歷史淵源，並通過分析總結出孫中山文化對大灣區未來發展將起到怎樣的助推作用，達到大灣區城市間的情感和文化認同，形成有溫度的人文價值鏈。「在孫中山文化的帶動下，以點帶面助推大灣區多元文化的興起，進而引導大灣區經濟、交通建設、社會制度等領域的全面發展。」他説。

孫中山文化粵港澳行

中山

編者按：

　　放眼粵港澳大灣區 11 個城市，其人文歷史總是維持着千絲萬縷的關係，其中，一代偉人孫中山先生在灣區各城市都留下過或深或淺的足跡。由習近平總書記親自謀劃、親自部署、親自推動的《粵港澳大灣區發展規劃綱要》提出，要「共建人文灣區」，「支持中山深度挖掘和弘揚孫中山文化資源」，由此可見，孫中山文化是大灣區內最大的文化公約數。爲進一步塑造灣區人文精神、推動文化繁榮發展，大公報即日起推出「孫中山文化粵港澳行」系列報道，講述每座城市與孫中山先生的深厚歷史淵源，以及孫中山文化在當地的影響和傳承。

大公報

責任編輯：鄧添辰　美術編輯：馮自冶
2019年6月3日　星期一

中山

孫中山文化粵港澳行

編者按：
隨着粵港澳大灣區《規劃綱要》的出台，孫中山文化作為粵港澳三地的共同文化資源引起廣泛關注。本報今起推出「孫中山文化粵港澳行」系列報道，多角度挖掘孫中山人文精神，一探孫中山文化的深厚歷史淵源，以及孫中山文化在當地的影響和傳承。

「小小寨亨村，走出一個人，走年，孫中山誕生於南海之濱的一座小城。一九二五年命名為紀念這位一代偉人……

孫中山文化源起翠亨村

撥播灣區十一城 共築人文價值鏈

大公報記者　帥誠、鄧喜秋中山報道

文化交融促進灣區協同互通

文化資源緊密聯結惠及民生

孫中山進校園揚偉人精神

> 漫遊孫中山史跡徑
> 重現偉人革命一生

▲經過十餘年的推動，孫中山文化已成為中山市第一張城市文化品牌，南海孫中山故居遊客絡繹不絕　資料圖片

中山市政協主席丘樹宏：要認可人文角度活化對孫中山資源的開發利用。

中山市孫中山研究會會長楊海：要了解孫中山青年時期的成長軌跡，了解其成長的生活軌跡。

葛景齋創始人孫仲浩：就此為大公新文壇壇協助孫中山走灣港，因此較清底政府相宣，真革命嗾行。　記者帥誠整理

中西風貌：1993年，孫中山故在澳門兄弟陳白瓦鑄了大石板鋪在中西風貌雕刻行懷

日常現場：其老陳建遇趙國哀家家趙孫中山真正人之結疏，追求為步界之道

孫中山同志杜：1921年，聚美老開關僑員美麻孫山橫遷建了「孫山海外同志杜」

中山紀念堂模擬圖：1935年，中山縣政府採紀念孫中山先生，在中山海外紀建成模擬堂（即現孫中山紀念堂），1981年，眾復制繼字「中山紀念圖席圖」

活化
中山裝走出國門　香山家宴受追捧

傳承
後人撰書修族譜　傳孫氏家風家史

孫中山故事

▲1918年3月，孫中山與夫人宋慶齡在廣州大元帥府合影　資料圖片

丘門「七衛士」忠誠護孫中山

在澳山翠七衛護衛丘村村會合…

▲1923年8月14日，孫中山、宋慶齡在永豐艦與海軍官兵合影　資料圖片

孫中山文化
源起翠亨村

撒播灣區十一城 共築人文價值鏈

▲經過十餘年的推動，孫中山文化已成為中山市第一城市文化品牌。圖為孫中山故居遊客絡繹不絕

「小小翠亨村，走出一個人；走出孫中山，點亮一片天。」1866 年，孫中山誕生於南海之濱的一座小城，1925 年為紀念這位一代偉人，昔日的嶺南漁鄉命名為中山。時至今日，孫中山的思想、主義、理論和精神所蘊含的文化元素凝結而成的孫中山文化，對故里及灣區 11 座城市仍然影響深遠。正如中山市政協主席丘樹宏概括說：「在建設粵港澳大灣區背景下，『孫中山文化』以其獨特的人文資源優勢，在打造灣區人文價值鏈，匯聚改革發展力量，促進灣區城市相互交流合作等方面發揮着獨特的橋樑和紐帶作用。」

由最初「孫中山文化」的提出，到該概念逐步上升爲國家命題，進入國家發展戰略，背後有一群有心人一直在默默付出，積極推動。作爲首倡者，丘樹宏介紹：「2007 年『孫中山文化』這一概念嘗試着提出，2008 年初，中山市委市政府就頒發《關於加快推進文化名城建設的意見》，將孫中山文化列入八大文化工程之首，成爲中山的第一城市文化品牌。隨後，2010 年列進廣東省文化強省重點項目，並寫進 2011 年廣東省政府工作報告；到 2019 年《綱要》指出『支持中山深度挖掘和弘揚孫中山文化資源』，其間經過了 10 餘年的努力。」

文化交融促進灣區協同互通

孫中山 13 歲從香山經澳門、香港前往夏威夷，之後又在香港讀書，畢業後在澳門就業。孫中山的革命履歷，都與香港澳門有密切關係。孫中山不僅在港澳留下了豐富的遺跡，更留下了深刻的影響，港澳社會各界都高度認同孫中山。因此，在香港、澳門和珠江三角洲，發掘和弘揚孫中山文化，能夠找到最集中的人文價值鏈，形成最一致的文化認同感。

在丘樹宏看來，粵港澳三地間豐富而集中的人文價值鏈，是大灣區交融合作的核心與靈魂，因此「孫中山文化」的當代價值不容忽視。首先是可以在大灣區建立最大的文化公約數。香港、澳門以及珠三角九個城市，文化同根同源，但由於香港、澳門的歷史特殊性，使得其行使了「一國兩制」，因此在文化認同上，必須尋找更

中山市政協主席
丘樹宏：
　　要從人文角度活化對孫中山資源的開發利用。

中山市孫中山研究會
會長楊海：
　　要不斷挖掘孫中山青年時期的成長經歷了解其成名前的生活軌跡。

多的共同點和人文價值鏈。丘樹宏强調，孫中山文化是中華傳統文化與中國現代文化及世界文明相結合的代表，既是粵港澳大灣區最具代表性和影響力的人文價值鏈，又是全球華僑華人共同的精神紐帶，與「一帶一路」倡議，構建人類命運共同體一脈相通。正是有了這樣的意識和認知，這些年來，「孫中山文化」基因不斷被激活，而在向年輕一代傳承孫中山文化時，中山更探索出了一條新路。

文化資源緊密聯繫社會民生

　　從 2008 年起，一個個踐行「孫中山文化」元素的活動不斷擦亮中山城市品牌，比如大型報告文學和紀錄片《中山路》、《中山裝》系列作品，大型交響組歌《孫中山》、交響史詩《我們的孫中山》、長篇散文詩《山高誰爲峰》、大型政論片《一位偉人與一座城市》、詩集《偉人逸仙》、論文集《國家命題——孫中山文化工程概要》、大型兒

童劇《少年孫中山》等。

「深挖和弘揚孫中山文化，就是要把其結合到社會民生當中，讓它與百姓日常生活緊密相聯，讓孫中山文化在百姓心中生根發芽。」丘樹宏表示。

荔景苑創始人孫仲池：
　我的太公孫文璋曾協助孫中山去港澳，因此被清政府斬首，為革命犧牲。

孫中山文化進校園揚偉人精神

1943 年，孫科在中山主持建成總理故鄉紀念中學，後更名為中山紀念中學，85 年來，繼承孫中山思想，發展中山精神，已成為這所學校的靈魂。從入學第一天起，學生就開始接觸和學習孫中山精神。學校會給每個學生發一本書——《偉人孫中山》，還會舉辦孫中山故事專場講座。

紀念中學將「孫中山文化」融入教育中並非特例。成立於 1983 年的中山市孫中山研究會，也一直致力向青少年傳揚孫中山文化。據該研究會會長楊海介紹，目前該會與市內 24 個鎮區均有聯合舉辦贈書送展活動，讓孫中山文化走進大中小學校園，使青少年了解孫中山先生以及這個國家的歷史。同時該會還與當地 20 多所學校建立了孫中山文化普及教育基地，通過定期舉辦紀念活動、徵文比賽等形式，把孫中山革命思想、愛國主義傳播到學生中。

【傳承】
後人撰書修族譜　傳孫氏家風家史

孫中山的曾侄孫孫必勝，數年前回到祖居地中山定居，並一直致力於「孫中山文化」的傳播以及孫氏家族史料的整理。2011年，由孫必勝編寫的《我的曾祖父孫眉》出版，「大家對孫眉將孫中山帶到夏威夷，兄

▲孫必勝介紹孫氏后裔大聚會盛況

弟倆又因爲宗教問題吵架，孫中山又被送回中國這段歷史還是不太了解。希望透過我寫的書，以及收集的先人留下來的故事、資料，讓後人了解我們的家史家風等。」近年來，孫必勝一直堅持整理家中的史料，並花了30多年時間重修族譜。

給兒孫們講家史，邀請海外親友回國探訪，鼓勵下一代接受傳統文化薰陶，孫必勝感到身上有一種特殊的責任。有不少孫氏後人因常年居住海外，對孫家歷史、家風不甚了解，他希望能夠通過自己的努力，把「孫中山文化」和中華文化向海外華僑推廣。

【活化】
中山裝走出國門　香山家宴受追捧

在中山，孫中山文化早已深入民心，一些企業更自發地加入弘揚「孫中山文化」的行列中。

走進中山華人禮服有限公司，從傳統老版到時尚新潮的改良版，再到世園會合作定製款，一套套

▲陳福星表示，華人禮服是「孫中山文化」的推動者

風格不同的中山裝布滿整個展廳。該公司總經理陳福星介紹：「我們用服裝講好孫中山故事，講好民族故事，以此傳播孫中山文化。」陳福星表示，如今公司自主設計的新時代中山裝，不僅上了年紀的人喜歡，一大批年輕人也成爲了中山裝的「粉絲」。甚至成功走出國門，受到多國領導人的青睞。

另一處充滿「孫中山文化」元素的地方是位於中山西區的荔景苑。其創始人孫仲池的太祖公孫文璋與孫中山有着特殊的淵源，因此弘揚孫中山文化也成爲了他自定的己任。荔景苑內設有塗話書院、武術課教室等，方便青少年學習孫中山精神。值得一提的是，作爲荔景苑招牌之一的香山家宴，挖掘出了孫中山當年喜歡品嘗的25 款食譜，真正將「孫中山文化」帶進尋常百姓家。

【孫中山故事】

丘門「七衛士」 忠誠護孫中山

在陽山縣七拱鎮石角村委會石角塘，一個名不見經傳的偏僻鄉村，至今仍完好保留着總統衛士故居，住在這裏的丘氏家族出了 7 位忠誠的貼身衛士，而丘門 7 傑與孫中山的故事仍在村子裏流傳，成爲一段佳話。

▲ 1923 年 8 月 14 日，孫中山、宋慶齡在永豐艦與海軍官兵合影

清朝末年，石角塘丘氏家族的丘習琚在馬來西亞做生意積累了財富，並結識了國民黨創始人之一的鄧澤如，向其捐贈了大量金錢，資助孫中山革命。1920 年，丘習琚向孫中山推薦了侄子丘堪、丘柄權爲貼身衛士，丘家從此與孫中山結下不解之緣。

1922 年，陳炯明叛變，炮轟越秀山總統府，孫中山與宋慶齡的處境極其危險，丘堪和丘柄權等 62 名衛士臨危不懼，冒着槍林彈雨拚死將孫中山先行護送至「永豐艦」，再轉回總統府與叛兵浴血奮戰，終於保護宋慶齡安全脫險。

叛亂事件後，丘堪成爲孫中山和宋慶齡身邊重要工作人員，隨孫中山出生入死。並先後向孫中山推薦了本家兄弟丘士發、丘時、丘玉亭、丘習軒、丘有等人爲孫中山貼身衛士，加上之前的丘柄權，一家共 7 位任孫中山衛士。在孫中山的革命征程裏，無論是援助革命、護衛脫險或守護南京中山陵園，丘氏都參與其中。

漫遊孫中山史迹徑　重現偉人革命一生

中山紀念圖書館牌坊：
　　1935 年，中山縣政府為紀念孫中山先生，在中山海外同志社遺址東側籌建中山紀念圖書館。1981 年，宋慶齡題字「中山紀念圖書館」

日昇銀舖：
　　其老闆徐君因盜汗症求診孫中山而與之結識，並成為忘年之交

中西藥局：
　　1893 年，孫中山因在澳門受排擠，借鏡湖醫院 2000 元本銀在石岐創立中西藥局繼續行醫

中山海外同志社：
　　1921 年，旅美老同盟會員阮炎回香山後籌建了「香山海外同志社」

孫中山文化粵港澳行

珠海

　　40 年前，珠海撤縣改市，珠江西岸的小漁村，一躍登上歷史大舞台。這並非其首次擔起「試驗田」重任。早在民國時期，為實現孫中山訓政，當年仍屬中山縣的珠海就以「東方巴黎」為目標，建港口、修道路、興貿易，向全國模範縣高歌奮進。時針撥回到今年 2 月，《粵港澳大灣區發展規劃綱要》公布，珠海又被賦予全國全省改革開放探路的使命，繼續宜居宜業宜遊灣區的探索步伐，打造成灣區重要門戶樞紐、珠西岸核心城市和沿海經濟帶高質量發展典範。

珠海

孫中山文化粵港澳行

▲1912年3月25日，內閣總理唐紹儀與南京與孫中山在總統府謝合影　資料圖片

▲民國時期珠海以「東方巴黎」進行建設，今珠海已成為現代化園城市。圖為珠海大劇院　資料圖片

珠海史學專家楊長征：

容閎與留美幼童研究會秘書長楊松：

珠海梅溪牌坊發現與開發者劉雲傑：

漁村變花園
延續中山緣

珠西「巴黎」勇探索
鑄夢大灣區樞紐

大公報記者　黃寶儀珠海報道

掃二維碼，回顧「孫中山文化粵港澳行」精彩內容

與民同樂 唐紹儀招私家園林

各界名流獻計模範縣建設

探索花園城市 宣居新城崛起

孫中山珠海足跡

唐家灣：1917年孫中山與海軍可令程壁光、同盟好友廖仲愷等人

唐家灣：1895年，孫中山與陸皓東

珠家故事：1911年11月5日的前山軍民起義

泰都學堂：1912年5月，孫中山與澳門

歸根
全球華人凝心聚力
灣區建設精神源泉

情深
高風亮節盧慕貞
為家奉獻傳佳話

▲孫中山與元配夫人盧慕貞及家人合照　資料圖片

孫中山故事

「留學之父」助孫文
一心振興中華

▲甄賢學校旁展示容閎的受贈愛綿情懷　大公報記者黃寶儀攝

漁村變花園
延續中山緣

珠西「巴黎」勇探索 鑄夢大灣區樞紐

▲民國時期珠海以「東方巴黎」進行建設，今
珠海已成為現代花園城市。圖為珠海大劇院

　　「軍政、訓政、憲政」三階段理論，是中國民主革命先驅孫中山設計的政治路線圖，其中在訓政階段，政府將派員訓練、協助人民建立一個自治的縣，並直接選舉縣級官員。1925年孫中山逝世，為了紀念他，廣東國民政府將其故鄉香山縣改名中山縣。珠海（原屬中山縣）與中山，歷史上淵源深厚，孫中山在民主革命探索的道路上，很多支持者就來自今天這兩個城市。

　　北伐成功後，中國迎來了一段相對穩定發展的時期，孫中山的三段論被辛亥時期的老革命黨人再次提起，1929年南京國民政府任

命唐紹儀（今珠海唐家灣鎮唐家村人）爲中山縣訓政委員會主席。在就職時，唐紹儀表示要用 25 年「將中山縣建設成爲全國模範」。

與民同樂 唐紹儀捐私家園林

今天的珠海唐家灣，有一座深受市民遊客喜愛的公園，名曰「共樂園」。這座曾取名「小玲瓏山館」的公園，始建於 1910 年，原爲唐紹儀的私人花園。1932 年，爲響應孫中山「與眾樂樂」的倡議，唐紹儀把該園贈送給唐家村，並更名爲「共樂園」，讓村民休息娛樂。

共樂園內，古樹參天，花果飄香，與典雅的石牌坊和兩隻鎮門石獅相映成趣。尼泊爾風格的「信鴿巢」和中國唯一的近代私人天文台「觀星閣」透露着當年主人的時尚潮流。

漫步共樂園，不經意間就會與很多民國政要名流「偶遇」：石牌坊上「共樂園」三個字是唐紹儀的手跡，兩側對聯曰「十年樹木百年樹人，智者樂水仁者樂山」，則是汪精衛摘取《論語》句子手書而成，還有孫中山贈種的黑松，京劇大師梅蘭芳親植的「美人樹」……

各界名流獻計模範縣建設

中山市孫中山文化交流基地辦公室主任郭昉凌告訴記者，唐紹儀在共樂園建設之初，就考慮到環境保護、人與自然和諧共存的問題，因此園區周邊環境全部都保護下來。這種生態環保的理念，在

珠海史學專家楊長征：
1911年，孫中山指示同盟會澳門分會發動前山新軍起義，起義軍北上光復石岐，後進軍廣州，為廣東光復做出了貢獻。

珠海梅溪牌坊發掘與開發者劉雲德：
身為華僑領袖、急公好義的陳芳是孫中山革命主要捐助人；改革開放最早的功臣也是華僑。

今天看來也非常符合宜居灣區的要求。不僅如此，在唐紹儀主政中山模範縣建設前後五年，不僅組織官員到全國各地考察，還邀請各界名流前來為模範縣建設出謀劃策。於是，共樂園內留下了梅蘭芳、埃德加・斯諾、胡漢民、孫科等人吟詩作對、植樹造林、縱論古今的足跡。

開放「共樂園」與民同樂，僅僅是唐紹儀探索模範縣建設的措施之一。唐紹儀曾主持編修《中山縣縣政彙刊》，當中收錄了他對過去三年多中山模範縣建設的總結，以及對未來數十年中山模範縣建設的規劃，大到道路、港口建設，小到門牌號設計樣本，細緻到如車輛行駛規範中，「取締汽車逾額濫載」、「不准司機與客談話」等都被一一列出。

當時探索模範縣建設時，唐紹儀在城市建設方面倡導「花園城市」的理念，建築唐家新城，並在建設完成後將當時的縣政府搬遷至此。按照今天宜居

宜業宜遊灣區的建設標準看，這些設計
也不過時。

探索花園城市 宜居新城崛起

在唐紹儀設計中，模範縣建設最核
心內容是中山港和無稅口岸計劃，可視
爲民國年間「自貿區」建設的嘗試。當
年唐紹儀的很多設計，與今天粵港澳大
灣區建設的目標不謀而合。

作爲老牌經濟特區，珠海在大灣區
建設中的機遇不言而喻，珠海同時也是
一座新興花園式的海濱休閒度假城市，
在珠三角地區裏海洋面積最大、島嶼最
多、海岸線最長，且空氣質量排在全國
前列，說珠海是珠三角地區最宜居的城
市也不爲過。港珠澳大橋通車後，珠海
橫琴還成爲唯一與香港、澳門陸橋相連
的地方，加上日前頒布的港澳同胞可用
公積金在內地購房、澳門機動車可出入
橫琴及港人港稅，都表明珠海將成爲推
進粵港澳三地在人才、經濟、社會環境
等方面合作的一個重要載體。

容閎與留美幼童研究
會秘書長楊毅：
　容閎的一生是中
國社會發展的縮影，
容閎一生沒有黨派，
只有國家，跟隨的不
是個人不是派別也不
是政黨。

【情深】
高風亮節盧慕貞 為家奉獻傳佳話

「讀小學時我見過盧慕貞，她很慈祥很樸實。」85歲高齡的盛麗金，至今仍記得童年時隨看熱鬧的人群去村外迎接盧慕貞的情景。

1867 年出生於廣東省香山縣上恭都外壆鄉（今屬珠海市金鼎鎮外沙村）一個書香門第的盧慕貞，17 歲那年遵父母之命、媒妁之言，嫁給了孫中山。婚後數年，盧慕貞與孫中山聚少離多，但

▲孫中山與元配夫人盧慕貞及家人合照

每次丈夫回家，她都會奉上一套親自縫製的新衣服，而婆婆的穿戴也大多出自她之手，孝敬長輩之名傳遍鄉里。據盧慕貞故居工作人員陳雪金介紹，盧慕貞不僅無怨無悔地養兒育女、侍奉家翁。後來，盧慕貞意識到自己的才識不能為孫中山提供幫助，主動選擇了離婚。「她愛家庭也愛國家，愛小家也愛大家，無私奉獻的精神讓人非常敬佩。」陳雪金認為，盧慕貞的「愛家」精神，恰好是如今粵港澳大灣區建設所需要的。

全球華人凝心聚力 灣區建設精神源泉

1964 年美國百老匯上演了一齣名爲《13 個女兒》的歌舞劇，該劇主角的原型正是陳芳，直到 1993 年仍在百老匯上演。陳芳，一個國人不太熟悉的名字，其傳奇故事卻一直在大洋彼岸傳頌。身爲美國華僑

▲劉雲德介紹陳芳家族史

首個百萬富翁，陳芳以及其整個家族都與孫中山、與中國民主革命有着千絲萬縷的聯繫。

其中，陳芳次子陳席儒與孫中山是校友，曾多次資助他革命，並擔任過廣東省省長；長孫陳永安早年加入同盟會，武昌起義後策劃前山起義，光復了香山城，任香山縣首任知事（縣長）。

陳芳一家與孫中山的故事，不過是無數華僑華人推動祖國前進的縮影。從民主革命到改革開放，眾多華僑華人和港澳同胞都投身其中並發揮了重要作用。這種文化的一致性和開放性，正是粵港澳大灣區最珍貴的精神源泉。珠海梅溪牌坊發掘與開發者、吉林大學珠海學院教授劉雲德認爲，文化的凝聚力是當下我們復興中華文明和實現民族復興最基本的力量。

「留學之父」助孫文 一心振興中華

容閎是「晚清幼童留美」的首倡者和操盤手，盛名在外的「留學之父」，經歷過太平天國運動，全程參與洋務運動，投身過維新變法，他的人生經歷激勵着孫中山堅定走向共和。

1900 年 9 月，容閎在去日本的輪船上與孫中山相遇，首次見面兩人便一見如故，徹夜長談。隨後，曾認爲孫中山「太輕率」的容閎，改稱「其人寬廣誠明，有大志」，並勉勵孫中山「以華盛頓、弗蘭克林之志」興國。

▲ 容閎是促成中國第一批留美幼童的關鍵人物

此後，容閎和孫中山不僅有書信往來，還曾在美國會面。他還提出了名爲「紅龍中國」的起義計劃：募集 500 萬美元、億發子彈和 10 萬支槍，支持孫中山發動武裝起義，推翻清朝政府。

辛亥革命勝利之後，孫中山曾致函容閎邀請他回國參加建設，但此時容閎已中風臥床。彌留之際，容閎叮囑兩個兒子務必回到中國，稱「吾費如許金錢，養成汝輩人才，原冀回報祖國」。容閎與留美幼童研究會秘書長楊毅説，如今建設粵港澳大灣區，正需要年輕人發揮容閎這種國際視野和飽含家國情懷的精神。

孫中山珠海足迹

唐家灣：

　　1895 年，孫中山廣州起義失敗，唐雄冒險讓其男扮女裝送往澳門脫險。唐家灣是孫中山離開祖國、開始 17 年流亡革命生涯最後一個站

恭都學堂：

　　1912 年 5 月，孫中山從澳門還鄉掃墓，特意在前山停留，並在恭都學堂（如今的前山中學）向上萬民眾進行愛國演講

唐家港：

　　1917 年孫中山與海軍司令程璧光、同鄉好友唐紹儀等一起觀測唐家水域，商量開發唐家港為軍港

陳芳故居：

　　1911 年 11 月 5 日的前山新軍起義，是廣東辛亥革命的重要組成部分。史料顯示，前山新軍起義在珠海梅溪村的陳芳故居策劃組織

孫中山文化粤港澳行

———

江門

　　航空救國，實業救國，鐵路救國……孫中山爲了實現中華民族復興，提出了諸多方案，這些構想都曾在江門得到實踐。有「中國飛行第一人」之稱的馮如，當年正是得到孫中山大力支持，才回國投身飛機研製，馮如故鄉的後人也始終沿着前輩追尋航天夢的步伐前行。如祖籍恩平的馮培德成爲中國新一代航空人，80後的馮亮成爲新生代航空人。馮如精神在今天仍激勵着青年們奮發圖強，通過傳揚馮如的故事，將可勉勵更多海外青年回來參與大灣區建設。

江門

▲馮如紀念中學的學生在鎮長學習飛機結構和飛行原理　大公報記者黃寶儀攝

▲1923年8月，孫中山和宋慶齡在中國自己製造的第一架軍用飛機「樂士文號」前留影　資料圖片

百年航空夢
薪火永相傳

承先驅遺志自強
新飛行精英輩出

大公報記者　黃寶儀 江門報道

「航空救國」思想初現

壯志未酬身先死

後人承志航天強國

掃二維碼，閱讀「孫中山文化粵港澳行」精彩內容

五邑大學文學院教授巢光榮：
梁啟超與孫中山都是愛國救國，只不過選擇的道路不一樣。

新會區崖門鎮南合村村支書陳勝生：
蘊含着緬懷孫中山的故事在村裏流傳多年，岁年南合村大力發揚陳頌中山文化元素。

惠平市文聯副主席何進標：
導演「航空救國」影響深遠，激勵着一代又一代人奮勇前行。

衝鋒陷陣
五邑華僑在報刊與宣傳陣，為高昂氣起創辦報紙報，積極支援孫中山、陳炯明、鄧澤如、張繼等等，基幺之，李璘宣傳命英雄革命先烈

張樹聲弁後
在孫中山的支持下，五邑華僑創報陸續發行高漲，1905年至1922年，五邑華僑創辦並發與報紙的超過26種之上，其中大多數宣傳孫中山的國民主革命主張

記者黃寶儀整理

五邑華僑　革命貢獻

僑匯助餉
鄧澤如，子倜宣，李紀堂、梅高衛、胡澤如等當時效果財務支持事業，以其顯赫近代的的資金有華僑子生根的資捐款、歷身華僑三謝、李遐列、李遐州，以五實等其款的顯赫助與弁新的命支持孫中山的環命事業

投身革命
最早加入興中會的五邑華僑打12人，冒任者身與捐獻者的出命8人；另外，江門鎮南少白是孫中山最得力的得力之手之一

智救
鍾念祖當替身
掩護孫文出逃

◀電影《十月圍城》講述的是1906年一群革命者保護孫中山的故事　資料圖片

孫中山故事

◀廣州起義失敗後，孫中山（中）、陳少白（右一）、鄭士良（左二）同到日本，照為三人新裝改裝後的合影　資料圖片

追隨孫文三十載
陳少白歸根辦實業

強國
自力修築鐵路
華僑實業興邦

▲廣東台山越有孫宜樓紀念廣場，益儀原了新華僑路火車逃絕的情景　大公報記者 黃寶儀攝

陳少白是孫中山革命事業的左右手　資料圖片

百年航空夢
薪火永相傳

承先驅遺志自強　新飛行精英輩出

▲馮如紀念中學的學生在認真學習飛機結構和飛行原理

　　生於廣東恩平一個貧農家庭的馮如，自小喜歡製作風箏和車船等玩具，對神話故事尤其是飛天故事更是滿心嚮往。12 歲的馮如隨父漂洋過海到美國謀生，目睹美國先進工業，認為改變中國貧窮落後面貌非學習機械、發展工業不可。於是，馮如白天在工廠打工，晚上學習各類技術知識和英語，逐漸精通機械和電機方面的專業知識。

　　1903 年 12 月，美國萊特兄弟發明出世界上首架飛機引起馮如極大關注，他決心投身祖國航空事業，並在 1909 年獲得成功。

「航空救國」思想初現

恩平政協文史科副主任科員饒現泉說，馮如經過努力將飛機製造出來，無論速度高度先進程度都超過萊特兄弟，爲當時世界最先進。1909 年 9 月 23 日，美國《舊金山觀察者報》在頭版位置報道了馮如製造飛機和試飛的經過，並以「東方萊特」稱呼他。

「萊特一號」衝上雲霄，不僅影響了馮如，也讓孫中山開始意識到航空事業的重要性，他的「航空救國」思想也由此萌發。而馮如在美的飛行表演讓同樣在美進行革命活動的孫中山讚嘆不已，不僅專門前來觀看表演，還以航空救國的理念勸說，加以勉勵。

壯志未酬身先死

兩次試飛後，馮如拒絕了美國公司的高薪聘請，應時任署理兩廣總督張鳴岐的邀請回歸祖國。但回來後清廷很快就不再支持他，這使其更堅定了支持孫中山的辛亥革命，爲實現航空救國夢而奮鬥的決心。隨後，在革命政府支持下，馮如日以繼夜地製造飛機。1912 年 8 月 5 日，他在廣州燕塘進行飛行表演時，因飛機失速墜地，不幸逝世，年僅 29 歲。

馮如犧牲後，一幫有志青年繼續航空救國之探索。此時「中國革命空軍之父」楊仙逸正受孫中山「航空救國」思想影響，在美國讀大學期間專門選擇航空專業，並於 1918 年受孫中山召喚回國，擔任「援閩粵軍飛機隊」總指揮。1923 年，楊仙逸造出了第一架由中國人自行設計、製造的飛機「樂士文一號」。

五邑大學文學院教授
龐光華：

　　梁啟超與孫中山都是愛國救國，只不過選擇的道路不一樣。

新會區崖門鎮南合村
村支書鍾榮生：

　　鍾念祖智救孫中山的故事在村裏流傳多年，近年南合村大力發掘孫中山文化元素。

　　1921年，孫中山擬定共63項的《國防計劃》，其中有「航空港之新建設計劃」、「發展航空建設計劃」、「航空建機計劃」等9項是與航空事業有關的，當中對聘請外國軍事專家訓練空軍人員，陸、海、空軍作戰的互相配合等都有明確的闡述。在後來的北伐戰爭中，革命空軍運用新式武器打擊軍閥，為保衛民主革命政權貢獻卓絕。

後人承志航天強國

　　今天的廣東恩平有一個馮如廣場，高舉着飛機模型的馮如像，樹立在兩架退役戰機之間，目光如炬，彷彿是要透過時空來看今天的航空事業發展。這裏的孩子，從小就聽着馮如的事跡長大，衝上雲霄也成了無數青少年的夢想。恩平市馮如紀念中學校長莫衛紅透露，航空科普特色教育是學校的品牌，該校與北京航空航天大學及北京理工大學珠海學院達成結對協議，今後定向輸送航空航天方面的好苗子。

走訪馮如的故鄉，就會發現「航空救國」的壯志在這裏得到了很好的傳承。祖籍恩平的馮培德 1966 年畢業於南京航空學院，成爲新一代航空人；1985 年出生的恩平人馮亮，在北京航空航天大學碩士畢業後成爲新生代航空人；恩平市馮如紀念中學初三學生馮錦祥，已經奪得了廣東省模擬飛行初中組個人競速第一名……一代代恩平人前赴後繼，從「航空救國」到「航天強國」薪火相傳。

恩平市牛江鎮委員會黨委委員鄭偉鋒表示，愛國愛鄉，敢爲人先，正是當下粵港澳大灣區必須具備的精神。馮如在海外知名度很高，宣傳他回歸報效祖國的故事，一方面可以激勵灣區年輕人自強不息；另一方面，能引起更多海外青年共鳴，參與投身大灣區建設。

恩平市文聯副主席
何蓮華：

馮如精神和孫中山倡導的「航空救國」影響深遠，激勵着一代代年輕人奮勇前行。

自力修築鐵路 華僑實業興邦

五邑華僑不僅支持孫中山革命，還出錢出力引進先進技術，發展民族工業，爲實現「實業救國」理想而努力，更在新中國成立後紛紛回來投資，支持家鄉建設。

▲廣東台山建有陳宜禧紀念廣場，並復原了新寧鐵路火車進站的情景

如今高鐵網絡四通八達，人們出行便利如串門。其實百年前，江門人也擁有一條自己的鐵路，那是由廣東新寧（今台山）旅美華僑陳宜禧主持建造，於1909年通車的新寧鐵路。這是首條由中國人全資，運用自主技術修築的鐵路。

不少白髮蒼蒼的陳家後人至今仍記得小時候隨長輩坐火車去探親的情景，陳宜禧的家屬都有一個小本，拿着就可以免費乘車。「路通財通」，在今天是大家最熟悉不過的觀念，但20世紀初期，陳宜禧看到美國像蜘蛛網一樣的鐵路就産生這樣的意識，可以說是有「先見之明」。後來事實證明，陳宜禧修的鐵路運行了30年，不僅讓台山，而且讓整個江門地區都大大地發展起來。

鍾念祖當替身　掩護孫文出逃

由陳德森導演、陳可辛監製的電影《十月圍城》，讓江門人感到莫名的熟悉，辦《中國日報》宣傳革命的陳少白，捐錢資助革命的華僑，掩護孫中山的替身等，都可以在江門人耳

▲電影《十月圍城》講述的是一些革命義士保護孫中山的故事

熟能詳的名字中，找到熟悉的身影。江門華僑與孫中山的故事，成爲當下粵港澳影視創作取之不盡的素材。

記者抵達新會崖門的時候，83歲的鍾飛鵬正準備休息，聽説記者想了解「鍾念祖智救孫中山」故事，馬上又精神起來。鍾飛鵬説，由於鍾念祖與孫中山長得很像，孫中山被清廷通緝逃亡到越南時，鍾念祖多次在越南海防地區掩護和救助他，令其逃過法國殖民警察的追捕。

這個流傳近百年的故事，此前因缺乏證據而一直被當成民間傳説。直到孫中山誕辰90周年時，才發現越南華文報紙《新越華報》早在1956年就報道過鍾念祖掩護孫中山的詳細事跡。這些文字，爲影視人的創作提供無限的想像空間。

追隨孫文三十載 陳少白歸根辦實業

追隨孫中山者眾多，其中有一人早年就與孫中山成爲莫逆之交，一直追隨孫中山 30 餘年，是孫中山唯一稱爲「吾弟」的人。他就是陳少白。同治八年（1869年）出生於江門市外海鎮的陳少白，在香港結識正在西醫書院就讀的孫中山。

▲廣州起義失敗後，孫中山（中）與陳少白（右）、鄭士良流亡到日本，圖為三人斷髮改裝後的合影

孫中山、陳少白二人與尤列、楊鶴齡常常聚在一起放言高論，暢談反清大事，並以「寇」自居，戲稱爲「四大寇」。

1900 年陳少白奉孫中山之命回香港辦《中國日報》，宣傳革命。爲了傳播革命思想，他還成立了「采南歌」、「振天聲」、「振天聲白話劇」等劇社。

一直追隨孫中山的陳少白，在中華民國成立後致力發展交通事業，他組織了粵航公司，收回外商所租賃的廣州西堤大碼頭，從法商處購買兩艘輪船，行駛廣州、香港之間。

1921 年，孫中山就任非常大總統，陳少白被聘爲總統府顧問，參與國事。但過了不久，陳少白便辭官歸田，回故鄉江門市郊外海鎮，徹底退出政壇，專心發展實業，並擔任家鄉外海鄉的鄉長，爲百姓造福一方。

【孫中山史跡】
五邑華僑　革命貢獻

投身革命：
　　最早加入興中會的五邑華僑有 12 人，首任會長劉祥是台山人；另外，江門的陳少白是孫中山最得力的助手之一

慷慨助餉：
　　鄧蔭南、李煜堂、李紀堂、楊西巖、鄧澤如等富商毀家紓難支持革命，以黃景南為代表的勞動者傾盡平生積蓄救國，還有黃三德、李是男、司徒美堂等組織和發動華僑捐資支持孫中山的革命事業

積極辦報：
　　在孫中山的支持下，五邑華僑辦報積極性高漲，1898 年到 1922 年，五邑華僑創辦或參與創辦的報刊達 26 種以上，其中大多數宣傳孫中山的政治思想與主張

衝鋒陷陣：
　　五邑華僑在前線衝鋒陷陣，成為武裝起義的謀士和骨幹力量，湧現出陳少白、鄧蔭南、謝纘泰、張雲田、聶益之、李雁南、勞培等革命英雄與先烈

孫中山文化粵港澳行

———

肇慶

　　今年 2 月出爐的《粵港澳大灣區發展規劃綱要》，明確提出建設具有重要影響力的國際交通物流樞紐和國際文化交往中心。然而，一百年前的民國時期，也有人曾關注過廣東的交通樞紐建設及對外交往。作爲兩廣水陸路咽喉要衝，上接梧州、下達廣州的肇慶，三次迎來孫中山到訪。他制定了「西江計劃」，並在「建設中國西南鐵路系統」中，提出以廣州爲此系統的終點，修築鐵路七條，其中三條經過肇慶，這與當下肇慶被定位爲灣區通向大西南以及東盟的西部通道，有着異曲同工之妙。

肇慶

孫中山文化粵港澳行

▲肇慶新區發展日新月異　資料圖片

中山市孫中山研究會主任　郭昉凌：
當年孫中山倡議改善民生，尤其是要美麗的道路要從這裏設想。今天粵港澳大灣區的貿易往來頻繁，在此情形下不能讓當年孫中山的設想，更具經濟意義。

梁慶市社會科學界及協會會長、文化專家蕭潮明：
把孫中山說連接涉足大灣區11城的地點串聯起來，循海域、內河、時間軸等不同形式，深入發掘相關人文主題旅遊線路，是富有意義的事。

▲孫中山、朱漢民等與秘書處人員合照　資料圖片

孫中山故事

宋慶齡視筆題書「孫中山游泳處」

謀交通大計
圓建國宏圖

鐵路新秀連接灣區
黃金要道直通西南

大公報記者　黃寶儀肇慶報道

三訪肇慶密商建國方略

昔日建設構想今得實現

孫中山三訪肇慶

1922年4月20日
孫中山偕胡漢民、蔣作平、許崇智等與速華慶。在肇慶逗留了三天。其間奉命令受去撤銷明白楊庶民、廣東省民、廣東總司令等職，只資餞華總員一騎

1923年7月19日
孫中山偕宋慶齡等一行到肇慶，逗留了肇慶命，是夜慶雲寺臨別了「衆先序等、一切的有情」的大字碑塔，還在鼎水潭照影一番
記者黃寶儀翻攝

1921年10月16日
孫中山偕宋慶齡乘寶璧艦赴肇州，16日下午到肇州，當晚一同晚上兩梅開

振興
山湖繞城美如畫
綠色都市漸崛起

通聯
百年夙願今成真
鐵水聯運更便利

▲肇慶正在建設優質綠色的人居環境。實現自然風光和城市建設協調關係　資料圖片

▲南廣鐵路開通讓肇慶的交通更便利　資料圖片

▲宋慶齡在鼎湖山上親筆提寫「孫中山游泳處」　資料圖片

謀交通大計
圓建國宏圖

鐵路新秀連接灣區 黃金要道直通西南

▲肇慶新區發展日新月異

孫中山於 1921 年 5 月 6 日在廣州就任中華民國非常大總統後，即決心北伐，統一中國。1921 至 1923 年間，他曾統率軍隊，轉戰於兩廣之間。肇慶作爲兩廣的水陸路咽喉要衝，有重要的戰略地位。翻閱《肇慶市志》可知，孫中山爲了建立和鞏固廣東國民革命根據地，並籌劃北伐的前方戰事與後方軍備，曾三次蒞臨肇慶。

三訪肇慶密商建國方略

1921 年 10 月 21 日的《大公報》有一段記載：「臨行，廣州商界、學界代表約萬人歡送，出巡隨員有行營部李杞堂、秘書長胡漢民，

與徐維揚、鄧宗彥、陳少白、焦易堂及總統府參軍 12 名，共 20 餘人。」這是孫中山偕夫人宋慶齡於 10 月 15 日乘寶壁艦赴梧州的報道。

當時，孫中山計劃經廣西北伐，北伐軍三萬餘人於當日同時往北進發。16 日上午 8 時，孫中山抵達三水河口，下午 5 時到達肇慶，17 日晨離開，下午到達梧州，接着北上桂林。孫中山該次路經肇慶，只逗留了一個晚上。

由於陳炯明的阻撓以及其他種種原因，孫中山在廣西桂林策劃北伐，終成泡影，不得不於 1922 年 3 月 26 日在桂林大本營召開緊急會議，決定回師廣東，改道北伐。4 月 20 日，孫中山偕胡漢民、魏邦平等，乘江漢艦離開梧州。該日下午到達肇慶。這次孫中山在肇慶逗留了三天，從現有資料可知，這一次到訪肇慶，「孫中山發布命令免去陳炯明內務部長、廣東省長、廣東總司令等職，只留陸軍總長一職」。

孫中山第三次到肇慶已是 1923 年的夏天。此時，孫中山正逐步加緊改組中國國民黨的準備工作，並接受了中國共產黨和蘇俄的幫助，提出聯俄、聯共、扶助農工的三大政策。當年 7 月下旬，孫中山專程從廣州坐電船到鼎湖山，逗留了三天，遊覽了慶雲寺、白雲寺和飛水潭。據傳，正是在慶雲寺內的精舍居住時，孫中山與眾人暢談建國方略和北伐大計。

中山市孫中山研究會
主任郭昉凌：

當年孫中山強調
改善民生，尤其是東
南亞的邊境貿易方面
着力很多。如今廣東
與東盟市場的貿易往
來非常發達，在此情
形下重溫當年孫中山
的設想，更具現實意
義。

昔日建設構想今得實現

鼎湖山下，不時有火車飛馳而過。原來，貴廣鐵路、廣佛肇城軌均經肇慶境內並設多個站點。去年1月，隨着渝貴鐵路開通運行，肇慶連接大西南的高鐵網絡全面打通，從肇慶坐高鐵可直達成都、重慶、南寧等西南主要城市。

中山市孫中山研究會主任郭昉凌說，孫中山三訪肇慶很重要一個原因正是巡查航道，因爲當時鐵路還不發達，船是主要交通運輸工具。爲此，孫中山在《建國方略》的「南方大港」規劃中，特別提出「西江」改良方案。「其中流岩須行爆去，其沙質之岸及氾濫之部分應以水底堤規範之，使水深一律，而流速亦隨之。於是有一確實航路，終年保持不替矣。」在孫中山的構想中，這個西江航道，還承擔着將廣貨銷往海外、內地商品運到廣東的貿易作用，因此儘管花費巨大，但孫中山仍認爲「西江所運貨載之多，固盡足以償還吾今所提議改良之一切費用也。」

今天的交通強調立體網絡，當年孫中山同樣有着超前的意識，因此他在「第三計劃」即南方大港建設中曾提出「建設中國西南鐵路系統」，以廣州爲始發點修築七條鐵路，其中三條經過肇慶。孫中山更希望通過交通接駁，大力促進貿易發展，改善民生。孫中山當年的宏圖，今天終於得以實現，通過肇慶整個粵港澳大灣區與大西南的交通往來更加便捷，邊境地區也因爲貿易和旅遊的促進，使得當地經濟得到長足發展，日漸興旺。

肇慶市社會科學普及協會會長、文史專家蘇澤明：

把孫中山過往涉足大灣區 11 城的地點串聯起來，按區域、內容、時間軸等不同形式，深入發掘相關人文主題旅遊線路，是非常有意義的事。

▲孫中山、胡漢民等與秘書處人員合影

百年夙願今成真　鐵水聯運更便利

今年4月4日，一艘滿載瓷磚及調味品的班輪從佛山高明港啓航，經水運抵達肇慶四會南江碼頭後，汽車短駁至三水西鐵路貨場，再通過鐵

▲南廣鐵路開通使肇慶的交通更便利

路貨運班列開往雲南王家營西站，成爲首次開行的鐵水聯運「班輪＋班列」，這標誌着粵港澳大灣區開啓鐵水聯運新模式。然而，百年前，在孫中山的「西江」計劃中，就曾設想過類似的轉運方式。

到5月底，灣區內首張「無軌鐵路港場網」已延伸至35家港口碼頭，這些港口碼頭主要來自廣州、東莞、肇慶等地區。

珠江船務集團副總經理劉武偉表示，期待通過這種聯運模式，把更多業務延伸至大西南和内地區域。佛山貨運中心副主任湯罡表示，「隨着《廣東省推進運輸結構調整實施方案》的實施，對於我們打通大西南的綠色鐵水聯運物流有了政策支持。

山湖繞城美如畫　綠色都市漸崛起

行走在肇慶街頭，總能輕易看到滿眼翠綠：這裏有全中國最美的綠道—環星湖綠道；有負離子含量為全國之最的鼎湖山；就連正在建設的肇慶新區，也是「山—

▲肇慶正在建設優質綠色的人居環境，實現自然風光與城市建設協調相融

湖—城—江」空間格局和城市特色的精華濃縮。

綠色，肇慶的發展底色，難怪當年孫中山趁商談建國方略和北伐大計之機，忙裏偷閒遊覽鼎湖山。如今，大灣區建設正如火如荼展開，肇慶提出建設宜居宜業宜遊的高品質新都市。肇慶市委副書記、市長范中傑表示，肇慶正全力推進旅遊振興，構建千里文化生態旅遊大環線，打造彰顯中國特色、展示嶺南文化世界旅遊目的地。

肇慶市社會科學普及協會會長、文史專家蘇澤明認為，如今建設人文灣區，可通過孫中山將大灣區 11 個城市的旅遊資源串聯起來，通過發掘相關人文主題旅遊線路，豐富大灣區的人文內涵。

宋慶齡親筆題書「孫中山游泳處」

據史料記載，1923 年 7 月下旬，孫中山偕夫人宋慶齡，以及楊仙逸、伍學晃、伍于簪、楊西巖、魏邦平夫婦及華橋 10 餘人一行從廣州乘坐大南洋電船，到達高要縣羅隱涌。登岸後，孫中山步行至慶雲下院（慶雲寺分寺），拒絕了僧人備好的山轎，決定步行上山。當晚，孫中山宿在慶雲寺精舍，還與隨行眾人暢談建國方略和北伐大計。

第三天離開時，行至飛水潭路段，孫中山被瀑布所吸引，獨自跑到大瀑布下暢泳，並且泡在水裏浣洗內衣。貼身副官馬湘想幫忙，被孫中山拒絕了，還隨口回答說「不用，不用！我自己來，你以爲我洗得不夠乾淨嗎？」游泳並清洗衣物後，孫中山一行下山，直到晚上 9 時多才開始返回廣州。

恰逢雨天，鼎湖山的空氣格外清新。從慶雲寺出發，沿着孫中山當年走過的路向飛水潭走去。只見山溪從 30 多丈高處狂奔而下，水花四濺，將手伸到水中，清涼的感覺從指尖傳來，人也變得精神起來，當年孫中山暢游其中，大約會更加痛快吧。

1979 年底，全國人大副委員長宋慶齡爲肇慶鼎湖山飛水潭親筆題書：「孫中山游泳處」。如今近 40 年時間過去，每天仍有不少遊客專門來到此地並照相留念，以此來表達對孫中山的敬仰和懷念之情。

【孫中山史跡】

孫中山三訪肇慶

1921年10月16日：
孫中山偕宋慶齡乘寶璧艦赴梧州，16日下午到達肇慶，逗留一個晚上後離開

1922年4月20日：
孫中山偕胡漢民、魏邦平、許崇智等到達肇慶。在肇慶逗留了三天，其間發布命令免去陳炯明內務部長、廣東省長、廣東總司令等職，只留陸軍總長一職

1923年7月19日：
孫中山偕宋慶齡等一行到肇慶，遊覽了鼎湖山，並為慶雲寺題寫了「眾生平等，一切有情」的大字條幅，還在飛水潭暢游一番

孫中山文化粵港澳行

佛山

　　黃飛鴻、方世玉、葉問，一個個爲人熟悉的名字，讓佛山武術和港產功夫片揚名海內外。事實上，當年孫中山革命，身邊的侍衛大多是習武之人，且與這些廣爲人知的功夫大師同爲南派武術弟子。對於武術，孫中山一直是推崇備至。革命初時，他在美國曾加入洪門組織，還提出要以「尚武精神」來護國安邦。時移世易，今日的武術已成爲中華民族的國粹，弘揚正氣、團結民心的橋樑，也是海外民衆了解和體驗中華傳統文化的一扇窗口。

佛山

孫中山文化粵港澳行

▲精武體育會十週年紀念照，孫中山題撰嘉賓，圖為霍元甲（左二）與早期精武會成員合影　資料圖片

▲佛山功夫吸引眾多弟子前來學習，圖為鴻勝館學員在練習武術　大公報記者黃寶儀攝

佛山鴻勝館館長黃鎮江：

功夫的意義是冷兵器時代最實用的技巧，是中華民族的智慧，通過武術傳承，可以加強中國與其他國家和地區的人文交流。

習武學生王心龍：

尚武精神，其實就通過平武這門功課加強體神，磨合同學感加強身心。

記者黃寶儀整理

尚武護安邦
國粹連四海

功夫走進新時代
傳統文化揚正氣

大公報記者　黃寶儀佛山報道

習武護國民愛黨家國

當代武術重拾身強身

▲廣東拳師葉恬川　資料圖片

佛山紀念辛亥革命場所

▲圖為1916年精武體育會派教師於上海中華競勝學校傳授武術的情景　資料圖片

▲佛山東嶽廟賣買十足　記者黃寶儀整理

鴻勝館：謝氏佛山祭李佛武館。位於禪城區福寧路

尤列故居：尤列和孫中山是攀生摯友，族族居在原籍吉祥北水村，2008年重新修繕為孫中山系念館

佛山分府衙門：現衡國路僑三中校址，在佛山光復期門中高校率我行日標

孫中山故事

▲吳勤為孫中山衛士，曾在抗日戰爭中屢立戰功　資料圖片

忠勇村娃護衛偉人
加入中共抗日立功

軼事

「青天白日旗」設計
源自民間「雞公碗」

▲孫中山（中）和革命同志合影　資料圖片

紀念

南海修建公園
踐行民生主義

◀佛山的中山公園建造初衷是為了踐行孫中山所倡導的民生主義　資料圖片

尚武護安邦
國粹連四海

功夫走進新時代 傳統文化揚正氣

▲佛山功夫吸引眾多弟子前來學習，圖為鴻勝館學員在練習武術

　　明清時期，廣東佛山憑藉發達的工商業，入列全國「四大鎮」、全國「四大聚」，獲得南國鐵都、南國陶都等美稱。各種美譽中，要數「武術之鄉」最爲人熟悉。然而，鮮爲人知的是，佛山武術其實是工商業發展的產物。其時，佛山工商業發達，導致外來人口大增，「商賈蝟集，則狙詐日生；傭作繁滋，則巧僞相競」（出自乾隆《佛山忠義鄉志》卷六《鄉俗》）。當時的佛山沒有強有力的官方治理機構，亂象滋生，富人需要保衛、貧民需要自衛，習武順理成章成爲佛山居民的共同需要。

習武激勵民眾愛家國

正是當地深厚的武術基礎，使佛山仁人志士在辛亥革命扮演了一個獨具風采的角色。據記載，1905 年孫中山組建同盟會時，其成員就有佛山鴻勝館的李蘇、錢維方等。辛亥初年，李蘇組織了一支以鴻勝館成員為骨幹的民軍，並在 9 月兵分兩路，殲滅了駐在佛山的清軍，光復佛山。

清末民初，不僅是佛山，整個廣東習武之風盛行，孫中山先生身邊也聚集了一批武者充當侍衛，而他本身對武術也非常推崇。他說：「慨自火器輸入中國之後，國人多棄體育之技擊術而不講，馴至社會個人積弱愈甚，不知最後五分鐘之決勝常在面前五尺地短兵相接之時，為今次歐戰所屢見者，則謂技擊術與槍炮飛機有同等作用亦奚不可。」孫中山這番對重火器而輕技擊的批評，目的是要喚起國人重新重視技擊術，積極習武。

中山市孫中山文化交流基地辦公室主任郭昉凌告訴記者，武術是中國的國粹，幾千年流傳下來，不僅僅有強身健體的作用，更重要是弘揚正氣。「以前習武之人講究習武先練德，強調愛家愛國，習武也是為了保衛家園、保衛國家。」

孫中山很強調尚武精神，認為尚武可激勵民眾「有家才有國，愛家才愛國」的情懷。當孫中山就任臨時大總統後，以霍元甲為首的一大批武者也來到上海，1919 年精武體育會在上海舉行成立 10 周年紀念活動時，孫中山先生更是親自題贈匾額，上書「尚武精神」以鼓舞民心。

佛山鴻勝館館長
黃鎮江：
　　功夫武術是冷兵
器時代發展起來的，
是中華民族的國粹。
通過武術傳承，可以
加強中國與其他國家
和地區的人文交流。

當代武術重修心强身

　　在孫中山革命的時代，宣揚中國武術的技擊作用，與抵禦外辱的歷史使命相等同。隨着社會經濟的發展，如今中國已經在實現民族復興的路上高歌猛進，武術的新時代使命，也從抵禦外敵發展到修心養心、以武會友。

　　今天的鴻勝館，隱身在小巷之中。記者抵達時，來自西班牙的 Juam 正跟隨師傅學習蔡李佛拳的標準動作。該館館長黃鎮江介紹，Juam 學習蔡李佛拳已半年，像 Juam 這樣的外國學員還有很多，阿根廷、智利、美國等地都有人慕名而來，這些「洋弟子」大多在國外接觸過蔡李佛拳，爲追求最正宗的拳法並想更深入地了解中華武術精粹，他們來到了佛山。

　　作爲南拳的精華門類之一，蔡李佛拳在武術界聲名遠揚，不僅盛行於廣東地區，還傳播到港澳、東南亞和美國。黃鎮江表示，因曾支持共產黨開展活動，佛山的鴻勝館遭受到當時民國政府的壓

制，曾於 1927 年被封，當時很多弟子走出國門，由此也將蔡李佛拳帶到國外發揚光大。

當下，粵港澳大灣區建設正加快推進，《粵港澳大灣區發展規劃綱要》也明確提出，支持弘揚以粵劇、龍舟、武術、醒獅等爲代表的嶺南文化，彰顯獨特文化魅力。黃鎮江認爲，堅定文化自信，共同推進中華優秀傳統文化傳承發展，武術是一個很好的媒介。通過武術的傳承，不同國家和地區之間交流也將不斷深化，特別是如今武術與舞台藝術結合的表演形式日漸興起，也爲加深中國與其他國家和地區之間的交流，以及爲海外友人更好的認識中國傳統文化提供機會。

習武學生王心龍：
　　尚武精神，其實就通過習武提升自己的精氣神，讓自己變得更加自信。

◀精武體育會十周年紀念時，孫中山題贈匾額。圖爲霍元甲（左二）與早期精武會成員合影

「青天白日旗」設計 源自民間「雞公碗」

在孫中山的革命生涯中，有幾位密友不可忽視，名列「四大寇」的尤列正是其中之一。今天在尤列故居所在的順德杏壇鎮北水村，關於孫中山和尤列在此密謀革命的故事

▲前排坐着的四人是「四大寇」，從左到右分別是楊鶴齡、孫中山、陳少白、尤列

仍在流傳，最引人注目的一個，正是我們熟悉的「青天白日旗」就在這裏誕生。老人家說當年「青天白日旗」的初樣，就是孫中山等人開會時用當地最為常見的「雞公碗」繪製出來的。

2006 年 8 月 12 日，尤列後人與杏壇鎮政府簽訂協議，從 2006 年 9 月 1 日起，將尤列故居託付給杏壇鎮政府管轄 30 年。尤列後人尤迪桓夫婦向杏壇鎮政府捐資 10 萬港元，用於資助尤列故居的保護和開發。

北水村村支書尤國賢告訴記者，雖然目前尤列故居暫時還沒有大的規劃，但隨着粵港澳大灣區建設的推進，與大灣區多個地方有着密切聯繫的尤列故居可以成為一個很好的展示平台，讓後人更全面的研究了解尤列的故事。

南海修建公園　踐行民生主義

孫中山逝世後，全國範圍內掀起了紀念熱潮。不少城市公園都以「中山」命名。當年南海縣長余心一主張興建佛山中山公園之時，也像全

▲佛山的中山公園建造初衷是為了踐行孫中山所倡導的民生主義

國其他地方一樣，有紀念孫中山的原因。

據《南海縣政季報》記載：「在鷹沙中山公園門口搭牌樓，園址內搭一高台，台中懸掛黨旗、國旗、總理遺像及公園圖則。」當年的報道說，中山公園奠基典禮上，人們無不充滿對孫中山的悼念之情。報道也記載了興建佛山中山公園的另一個原因，是佛山這一大鎮，人口數 10 萬，且殷商富户眾多，卻連一所公共娛樂場所都沒有。由此可見，余心一極力主張建中山公園，也是實現孫中山民生主義夢想。

新中國成立後，佛山中山公園歷經擴充，現在面積已達 30 餘公頃，形成了以廣闊水景和豐富綠化爲特色的園林景觀，成爲市民遊客休閒娛樂的好去處。

【孫中山故事】

忠勇村娃護衛偉人　加入中共抗日立功

吳勤，原名吳勤本，1895 年 11 月 27 日出生於南海縣第四區南浦村（今屬禪城區祖廟街道）一個貧農家庭。1916 年，吳勤響應孫中山號召加入了民軍。因作戰勇敢，吳勤受到嘉獎，還被選拔爲孫中山的衛士。直到 1918 年，孫中山離粵赴滬後，吳勤返回佛山重新務農。

▲吳勤是孫中山衛士，後在抗日戰爭中屢立戰功

在第一次國共合作期間，吳勤由譚平山、羅綺園介紹加入中國共產黨。1938 年 10 月，佛山淪陷，不忍家園遭踐躪的吳勤，在省委和廖承志的指示下，組織起一支五六十人的抗日義勇隊，兩次襲擊日軍，打破了「皇軍不可戰勝」的神話。

爲了使這支部隊取得合法地位和給養，吳勤徵得撤退到廣寧的廣州市市長兼西江八屬游擊總指揮曾養甫的同意，義勇隊取得了「廣州市郊游擊第二支隊」（簡稱「廣游二支隊」）的番號，吳勤爲支隊司令。這支在共產黨支持下的抗日武裝與共產黨領導的中山抗日游擊隊，即爲珠江縱隊的前身。吳勤率領的廣游二支隊活躍在南番順一帶，沉重打擊了敵人的氣焰。可惜的是，1942 年 5 月 7 日，吳勤及其妻子以及警衛員在陳村附近遭遇埋伏，不幸遇難。

【孫中山史跡】

佛山紀念辛亥革命場所

尤列故居：
　　尤列和孫中山是畢生摯友。該故居在順德杏壇北水村，2008年重新修繕為尤列紀念館

鴻勝館：
　　原為佛山蔡李佛武館，位於禪城區福寧路

佛山東莞地舊清平戲院：
　　在佛山光復戰鬥中曾為清軍駐地，並為民軍攻打目標

佛山分府衙門：
　　現衛國路市三中校址，在佛山光復戰鬥中為民軍攻打目標

▲圖為1916年精武體育會派教師在上海中華鐵路學校傳授武術的情景

▲廣東拳師明信片

澳門

「我是在澳門受到了革命的啓蒙。」在自傳《倫敦蒙難記》中，孫中山如是描述澳門對自己人生軌跡的影響。在這裏，他第一次走出國門並由此萌發了「慕西學之心」；在這裏，他懸壺濟世爲日後由「醫人」向「醫國」轉變埋下伏筆；也是在這裏，他成功躲避清政府追捕並遠渡海外宣傳革命……如今，澳人依舊記得孫中山當年爲中華民族偉大復興鞠躬盡瘁的事跡和精神，並在大灣區建設中與偉人故里緊密互動，攜手並進，努力推動孫中山文化成爲大灣區的文化名片，加強灣區內各個城市互融互通。

澳門

孫中山文化粵港澳行

▲2011年澳總組織了200多名澳僑會以及中山當地大學生開展「尋找孫中山」之旅　受訪者供圖

▲澳門是孫中山初向世界窗口、成長學習、好妙朋友、懸委行醫、宣傳革命及走人、經歷安危之處所。圖為孫中山（後排右四）與本人合照　資料圖片

行醫傳博愛
矢志興中華

澳門中山一衣帶水
助力灣區互融互通

大公報記者　馬琳、寶剛記者　吳瑋楠、沈凱澳進門報道

澳門中山互動頻繁

回鄉看看找親屬感

孫中山與澳門淵源

▲1912年5月中山與澳門名人士：盧廉顯、梁彥明等孫逸仙澳門產業進門事會合影　資料圖片

孫中山故事

診費隨意藥局贈藥
孫文行醫屢創新猷

盧廉者公園：1912年5月下旬，孫中山訪澳三天，長地澳逗留一整夜下午西棠，於是他登出三「含蓄聯署」......

中西藥局：孫中山當年既隨中西藥局的視同是歐州國際......

澳門孫文紀念館：新建於1918年與孫中山相紀念故居有資料......

敬迪
延《盛世危言》精粹
《實業計劃》倡救國

追求
心繫家國投身革命
孜孜不倦團結華僑

◀因揚粵支持革命有功，1916年2月8日孫中山向澳門心感機三有有功同鄉　受訪者供圖

▲圖為1871年的鏡湖醫院　資料圖片

行醫傳博愛
矢志興中華

澳門中山一衣帶水 助力灣區互融互通

▲ 2011 年陳斌組織了 200 多名港澳台以及中山當地大學生開展「尋找孫中山」之旅

「孫中山當年從澳門登上海輪，第一次走向世界，開拓了『滄海之闊』般的視野，萌發了『慕西學之心』，而後漸漸形成救國與振興中華的想法。」澳門中山歷屆政協委員聯誼會會長鄭志強表示，澳門是孫中山早年人生歷程中最重要的一站，是他革命事業的搖籃。

讓青年肩起振興中國之責

鄭志強強調，孫中山提出「三民主義」，其最終目的是要實現中華民族的偉大復興。「惟願諸君將振興中國之責任，置之於自身

之肩上」。今天澳人享受到了美好的幸福生活，但不能沒有使命感，要激勵年輕人去完成孫中山先生當年未竟之事業。

事實上，在澳門有一群年輕人致力推廣孫中山文化，澳門中山青年商會理事長、中山市政協委員陳斌就是其中一位。

「我們每年都會組織多場活動，如每年孫中山誕辰去敬獻花圈、參觀與孫中山有關的紀念展覽，組織大學生展開『尋找孫中山』之旅等。」近十年來，陳斌一直在推動身邊的同齡人去關注孫中山文化，增進澳門年輕一代對孫中山精神的理解，至今已經影響超過千人。

「對於 80、90 後來說，孫中山是書本裏的歷史，離大家很遙遠。我們知道他是偉人，但他到底偉大在哪裏？現在很多年輕人不是很清楚，也沒有了解他的精神內涵。」陳斌說。

在陳斌看來，孫中山是中國近代史上影響最深遠的一位人物之一，他的治國理念不僅爲當時的中國點燃了民主革命的烽火，很多思想在今天依然值得學習。「孫中山先生的『博愛』之心，他倡導的『要立志做大事，不要做大官』，他矢志不渝地爲『振興中華』而不懈奮鬥。這些都值得我們年輕一代去繼承並發揚光大。」

澳門中山互動頻頻

《粵港澳大灣區規劃綱要》明確提出，「支持中山深度挖掘和弘揚孫中山文化資源」，這對於多年來致力於推廣孫中山文化的陳斌來說很是振奮與鼓舞。在他看來，孫中山文化完全可以成爲大灣區的文化名片。這不僅因爲大灣區 11 個城市與孫中山的淵源，更

澳門特區政府文化遺產委員李業飛：

　　在海外華僑心裏，孫中山是他們的精神領袖，他的革命理念團結並激勵着大家為中華民族偉大復興而奮鬥。

澳門中山歷屆政協委員聯誼會會長鄭志強：

　　作為孫中山革命思想的搖籃地，澳門的年輕一代不能忘卻孫中山精神。

因為早在 100 年前的《實業計劃》中，孫中山先生就提出了類似粵港澳大灣區概念的世界大港構想。

　　事實上，近年來，與孫中山家鄉一衣帶水的澳門，在挖掘孫中山文化方面與偉人故里中山市互動頻頻。陳斌透露，澳門中山青年商會與孫中山研究會簽署了合作協議，攜手弘揚孫中山文化，包括發行以孫中山為題材的粵澳歷史文化教材系列叢書、舉辦 2019 中山短視頻大賽暨新媒體文化年展等活動。

　　「編寫和出版粵澳歷史文化教材，能激發青少年對中國歷史人物的崇敬與熱愛之情，進而學習他們的愛國主義思想和不屈不撓的革命精神，更好激勵他們投入大灣區建行。

　　「孫中山先生遺留下來的政治文化遺產是連繫粵港澳地區的堅實紐帶，人們很容易能從中找到情感共鳴。」陳斌建議，中山市可通過孫中山故鄉翠亨村這個載體，加強港澳青年與中山青年聯繫，共同為中華民族偉大復興的「中國夢」

而奮鬥。

回鄉看看尋找歸屬感

澳門中山青年商會會長、澳門奧緯城集團董事長梁健殷指出，澳門與中山同根同源，協會將發揮自身專業優勢，通過「引進來、走出去」，搭建澳門與中山經貿合作平台，為兩地的青年、專業人士、中小企業創造更多的發展空間和機會。

鄭志強則提出澳門中山青年回鄉看計劃，澳門有不少中山籍人士，通過增強年輕一代對家鄉今日面貌的了解，培養他們的自豪感與歸屬感，從而激發愛鄉之情、愛國之心。

澳門理工學院中西文化研究所榮休教授
王五一：

孫中山年輕時與鄭觀應在澳門有過密切來往，鄭觀應的救國理念對他革命思想的形成產生了重要影響。

◀澳門是孫中山迎向世界窗口、成長學習、針砭朝政、懸壺行醫、宣傳革命及家人、親屬安居之處所。圖為孫中山（後排右四）與家人合照

心繫家國投身革命 孜孜不倦團結華僑

作為一名土生土長的澳門人，李業飛與孫中山的淵源要追溯到其外祖父陳秉心身上。「我的外公出生於中山市三鄉鎮古鶴村，16、17歲時，為了謀生，從家鄉出發東渡日本投奔親戚。」

▲因捐資支持革命有功，1916年2月8日，孫中山向陳秉心頒發三等有功獎狀

李業飛說，外公陳秉心在那裏結識了眾多廣東籍日本華商，並於1905年，在華僑志士陳鑑周、黃楚珩的推薦下，加入了同盟會，並擔任同盟會神戶支部幹事，從此開始追隨孫中山投身民主革命事業。

在李業飛看來，以其外祖父為代表的海外華僑之所以一直堅定追隨孫中山，是因為孫中山的革命理念。他是第一位喊出「振興中華」口號的人，在那個內憂外患的年代，實現中華民族的偉大復興可以說是每個中國人矢志不渝的願望和追求。因此，孫中山成為了海外華僑的精神領袖。

延《盛世危言》精粹 《實業計劃》倡救國

「鄭觀應對年輕時的孫中山多有提攜，其著作《盛世危言》中收錄了孫中山《農功》一文，在孫中山上書李鴻章的過程中鄭觀應也給予了重要幫助。」談及鄭觀應與孫中山這兩大歷史名人時，曾任澳門理工學院中西文化研究所教授的王五一介紹道。

▲鄭觀應是中國近代著名思想家、實業家

孫中山與鄭觀應是香山同鄉，但孫中山比鄭觀應小 24 歲。王五一介紹，1885 年起，鄭觀應在澳門隱居了一段時間，而此時孫中山正在香港讀書。澳門是孫中山往返香港和老家翠亨村的必經之地，孫中山作爲一個有着滿腔救國熱情的青年，應該經常去拜訪這位同鄉「老大哥」、著名的維新思想家鄭觀應，一起探討時艱。

王五一表示，二人在救亡圖存上是有共同語言的，而且鄭觀應的救國理念深深影響到了孫中山。反映孫中山早期思想的《上李鴻章書》就是基於鄭觀應《盛世危言》的觀點寫成的，孫中山與一群思想先進的近代留學生的心血之作《實業計劃》，提出實業救國理論也有鄭觀應《盛世危言》的影子。

診費隨意藥局贈藥 孫文行醫屢創新猷

　　在標誌性建築大三巴牌坊不遠處，就是孫中山當年在澳門初嶄頭角的地方——鏡湖醫院。走進醫院大門，一座孫中山銅像醒目地矗立在前，彰顯着這座略帶歲月痕跡的百年醫院，最爲濃墨重彩的一頁。

　　1892 年，以優異成績自香港西醫書院畢業的孫中山，被澳門鏡湖醫院聘爲西醫科主任，成爲這所中醫院第一位受聘的西醫。由於他看病診費一律隨意而付，加上擅長外科手術和治療肺病，行醫不滿三月就聲名鵲起。其精湛的醫術得到了當地百姓的認可，爲革命活動初期奠定了社會基礎。

　　其間，爲解決鏡湖醫院沒有西藥的問題，他開創性地想出「自願贈醫」「藥局贈藥」的辦法，向鏡湖醫院借款白銀 1400 兩，開辦中西藥局。憑藉着質優價廉的藥品，孫中山在澳門再次聲名大噪。儘管後來因爲葡萄牙醫生的妒忌和排斥，孫中山被迫結束了澳門的行醫生涯，出走廣州。但他一手創辦的中西藥局仍維持營業多年，並成爲革命黨人在澳門活動的重要據點。

　　孫中山在澳門行醫時間雖然不長，但在此期間，他結識了維新改良派開明人士，獲得了眾多華商名紳、土生葡人精英和家族的支持。這段經歷，對他早期革命思想的形成產生了深遠影響，也推動了他由「醫人」向「醫國」的重要轉變。

【孫中山史跡】
孫中山與澳門淵源

中西藥局：

　　孫中山當年開辦中西藥局的起因是鏡湖醫院沒有西藥，於是他想出「自願贈醫」「藥局贈藥」的辦法，向鏡湖醫院借款白銀 1400 兩，開辦中西藥局。該藥局後成為革命黨人在澳門活動的據點。

鏡湖醫院：

　　1892 年，孫中山自香港西醫書院學成畢業後，被澳門鏡湖醫院聘為西醫科主任，由於他看病診費一律隨意而付，加上特別擅長外科手術和治療肺病，到鏡湖醫院不滿三月就聲名鵲起。後因葡萄牙醫生的妒忌和排斥，孫中山被迫結束了澳門的行醫生涯。

澳門國父紀念館：

　　該建築 1918 年由孫中山胞兄孫眉斥資興建，一度是孫中山先生元配夫人盧慕貞的寓所。

盧廉若公園：

　　1912 年 5 月下旬，孫中山訪澳三天，舊地重遊，應邀下榻盧園的春草堂，並在盧園會晤澳督主教等中外人士。

孫中山文化粵港澳行

——

廣州

　　1923 年 8 月，當宋慶齡乘坐中國製造的第一架軍用飛機「樂士文一號」在大沙頭機場衝上雲霄，大沙頭成爲當時廣州海陸空立體交通樞紐，孫中山先生在《實業計劃》中關於建設世界大港的構想也初露眞容。百年時光流逝，不僅孫中山的「南方大港」夢想已成現實，甚至遠超越他的構想。在未來的粵港澳大灣區建設中，廣州依託空港、海港、高鐵、幹線鐵路和高速公路等，增強綜合交通樞紐功能，共建國際一流灣區和世界級城市群。

廣州

孫中山文化粵港澳行

一九二三年八月，當宋慶齡乘坐中國製造的第一架軍用飛機「樂士文一號」在大沙頭機場衝上雲霄，大沙頭成為當時廣州海陸空立體交通樞紐，孫中山先生在《實業計劃》中關於建設世界大港的構想也初露真容。百年時光流逝，不僅孫中山的「南方大港」夢想已成現實，甚至遠超越他的構想。在未來的粵港澳大灣區建設中，廣州依託空港、海港、高鐵、幹線鐵路和高速公路等，增強綜合交通樞紐功能，共建國際一流灣區和世界級城市群。

繪樞紐藍圖 貫通海陸空

初心不負大港夢 共建共享灣區群

大公報記者　黃寶儀廣州報道

▲1924年6月16日，孫中山攜夫人宋慶齡出席黃埔軍校開學典禮　資料圖片

翻開《建國方略》，在《實業計劃》之第三計劃中，我們可以找到孫中山規劃「南方大港」的藍圖：涵蓋了當時的廣州、香港、澳門、東莞、佛山、三水、大良、香山、小欖、江門、新會諸地，與當今大灣區「九+二」的城市格局大部分重合。

▲廣州未來將增強綜合交通樞紐功能，加快打造灣區「一小時交通圈」　資料圖片

謀劃「南方大港」這一「世界大港」，不僅僅是港口建設，孫中山詳細描繪了藍圖，一是以此為會議中心，制定第三計劃如下：改良廣州為一世界港；改良廣州水路系統；建設中國西南鐵路系統；建設沿海商埠及漁業港；創立造船廠。在孫中山構想中，港口和鐵路相互配合，內聯外通，特別是西南鐵路系統，可以與貫穿下游西南乃至大西南的腹地不謀而合。當時面世不久的飛機，雖然沒有太多着墨，但實際上孫中山從未忽視航空領域的發展。

內聯外通交通樞紐初現

如今大沙頭三、四馬路一帶，南臨沿江東路，北至大沙頭新市場，是廣州八個老機場之一——大沙頭水陸機場的舊址，這是廣州早期主要的機場，建於一九一七年七月。

據介紹，水上飛機場位於大沙頭積牌對開江面，停泊在舊濠的水上飛機可隨時到江面，在水上滑行起飛。陸上飛機場則是一條東西向的跑道，在大沙頭島中間，與今天的大沙頭三馬路、四馬路成直角相交。當時大沙頭機場一帶防衛嚴密，水上以水火艇為界，陸上則以紅旗為界，除大本營及航空局簽出的艦艇及人員外，任何人和船隻均不得進入界內。如有擅自闖入者，駐軍可以開火迎擊。

大港與灣區不謀而合

「孫中山的遠見之處在於他的世界眼光、國際視野，而他的國際視野都建立在本土實際上。」廣東省社科院歷史與孫中山研究所原所長王傑表示，包括「南方大港」在內的幾個大港建設，實際上都是一種灣區概念，孫中山希望通過沿海帶動內地，實現整個中國經濟的聯動、平衡發展。

廣東省社會科學院原院長張磊也表示，孫中山提出「南方大港」構想，恰恰印證了發展城市群的客觀性與必要性。「孫中山的構想，表明了今天大灣區建設有充分的客觀條件。」

百年時光轉瞬即逝，今日的廣州作為粵港澳大灣區區域發展的核心引擎，正通過增強綜合交通樞紐功能，加快打造灣區「一小時交通圈」，增強對灣區區域發展的輻射帶動作用，其中廣湛（廣清永）高鐵有望納入國家層面的規劃中，未來廣州可四小時直達重慶；廣湛高鐵預計今年十月動工，開通後廣州到湛江的時間將縮至兩小時以內；穗莞深城際鐵道預計九月通車；虎門二橋項目提前至清明節前通車……

升級樞紐功能輻射周邊

同時，依託空港、海港、高速鐵路、幹線鐵路和高速公路等，廣州繼續着力提升門戶樞紐能級，實施「樞紐+」戰略，進一步暢通對外聯繫通道。如首條中山——廣州的跨市線路已於去年十二月廿八日開通，南沙至中山高速公路項目，廣中江高速、深中通道、香濱儋旅遊公路等建設，也是未來兩市重點推進的互聯互通項目。交通基礎設施的互通互聯拉近了廣州與周邊城市的距離，產業和創新資源的互動則為全域融合提供了新的可能。

未來廣州還將充分發揮國家中心城市和綜合性門戶城市引領作用，全面增強綜合交通樞紐功能，共建國際一流灣區和世界級城市群。張磊希望，在大灣區全新的框架下，灣區城市群能實現共建共享，互聯互通，實現乃至超越百年前孫中山的建設藍圖。

廣東省社會科學院原院長張磊：

嶺南文化與當前大灣區建設的文化思想一致，而孫中山思想正是嶺南文化其中重要的組成部分。

廣東省社科院歷史與孫中山研究所原所長王傑：

孔子是古代中華文化的代表，孫中山是近代中華文化的代表，藉此粵港澳大灣區建設之機遇，應考慮將孫中山文化打包申遺。　記者黃寶儀整理

孫中山廣州重要足跡

黃花崗七十二烈士墓：

孫中山三次廣州革命中，影響最深遠的是1911年黃花崗起義，起義失敗後參與的72位烈士合葬於黃花崗七十二烈士墓，即今日廣州市越秀區先烈路

國民黨一大舊址：

1924年1月，中國國民黨第一次全國代表大會在廣州舉行，這標誌着第一次國共合作形成，成爲新的革命高潮的起點

大元帥府：

1917年7月，孫中山率領部分海軍南下，在廣州召開國會非常會議，建立中華民國軍政府，設立大元帥府，並要求恢復《中華民國臨時約法》，開展武裝護法運動

黃埔軍校：

孫中山於1924年創辦，指定黃埔島上舊有的廣東陸軍學校和廣東海軍學校原址爲校舍，是第一次國共合作時期的產物　記者黃寶儀整理

回憶

悠悠火龍船 濃濃粵港情

隨着去年九月廣深港高鐵香港段開通，廣州市民到香港旅遊購物探親有了更多的交通選擇，而百年前廣州人去香港，則要到大沙頭火車站乘坐廣九鐵路往返。開通初期，每天上午九點各有一趟「慢車」分別從廣州和九龍對開，歷時七個多小時到達，被百姓戲稱爲「火龍船」。一些上了年紀的老街坊，特別是有親戚在香港的老廣州人，仍保留着去大沙頭坐老式蒸汽機車「落香港」的回憶。據說，當時乘坐廣九鐵路最多的是往返經商的商人和探親訪友的乘客，可稱得上是首條粵港「黃金線」。

如今，一座以廣九鐵路為主題設計的公園，成爲廣州新晉「網紅」，吸引老人來懷舊，年輕人來「打卡」，港澳同胞和外國遊客前來尋找歷史記憶。

◀廣九鐵路紀念園中展示了中國最後批量生產的蒸汽機火車頭　大公報記者黃寶儀攝

心血

組建黃埔軍校 培養革命力量

吸取以往借助帝國主義和軍閥力量開展鬥爭，招致革命失敗的深刻教訓，孫中山決定仿效俄國，建立一支革命軍隊。在中國共產黨支持和蘇聯援助下，一九二四年孫中山在廣州着手組建黃埔陸軍軍官學校。

孫中山對這所新型革命軍官學校非常看重，爲了建設一支有革命精神的隊伍，孫中山費盡了心血，特別是在課程設置上，黃埔軍校並沒有單純以教授軍事戰術爲主，而是仿效蘇聯的經驗，增設政治課程，包括三民主義、國民革命概論、社會主義運動等。

曾是黃埔軍校資助學生的徐向前元帥回憶：軍校訓令中明確規定「社會主義、共產主義，馬克思主義等書籍，本校學生皆可閱讀」，目的在於使其成爲自覺的反帝反封建革命戰士。

◀1924年8月31日，孫中山、蔣介石與蘇聯代表等一同走出黃埔軍校校門　資料圖片

孫中山故事

▲楊殷和孫中山是同鄉，後加入中國共產黨　資料圖片

策劃省港大罷工 楊殷至死護真理

楊殷和孫中山是同鄉，1911年初，在廣州聖心學院就讀的他由孫中山的哥哥孫眉介紹加入同盟會，跟隨孫中山一起推翻清政府的封建統治。楊殷在同盟會是負責交通情報工作，但很少人知他小時候學過武術，功夫了得。孫中山第一次在廣州建立革命政權時，還聘任其爲衛隊副官兼大元帥府參軍處參謀。

五四運動後，楊殷開始接受馬克思主義。1922年，由楊章甫、梁復然介紹，譚平山爲監誓人，楊殷加入了中國共產黨。楊殷是著名的工人運動領袖。大革命時期，他以國民黨中央工人部特派員身份，先後到石井兵工廠、廣九、廣三、粵漢鐵路，陳李濟藥廠，香港九龍船塢等組織工會、小組等，發動工人參加反帝反封建鬥爭，是省港大罷工的重要領導者之一和1927年廣州起義的組織發動者之一。

楊殷在工人中有很高的威望，被稱爲工人的「老大哥」。在組織發動廣州起義期間，親手組建工人赤衛隊，多次在陳李濟藥廠召開部署廣州起義的重要會議，廣州蘇維埃執行委員會就在當時的廣州惠民路禺山市陳李濟藥貨倉二樓誕生（即今天的北京路194號禺山路口陳李濟舊門）。中共六大後楊殷任中共中央政治局常委、中央軍事部部長。1929年8月，由於白鑫叛變，楊殷與彭湃等人被捕，同月30日，蔣介石下令槍決。

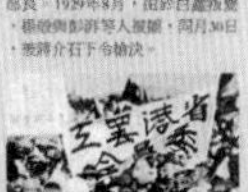

▲當年省港大罷工遊行隊伍　資料圖片

繪樞紐藍圖
貫通海陸空

初心不負大港夢 共建共享灣區群

▲廣州未來將增強綜合交通樞紐功能，加快打造灣區「一小時交通圈」

翻開《建國方略》，在《實業計劃》之第三計劃中，我們可以找到孫中山規劃「南方大港」的範圍：涵蓋了當時的廣州、香港、澳門、東莞、佛山、三水、大良、香山、小欖、江門、新會諸地，與當今大灣區「9 + 2」的城市格局大部分重合。

謀劃「南方大港」這一「世界大港」，不僅僅是港口建設，孫中山詳細描繪了藍圖，「吾以此都會爲中心，制定第三計劃如下：改良廣州爲一世界港；改良廣州水路系統；建設中國西南鐵路系統；建設沿海商埠及漁業港；創立造船廠。在孫中山構想中，港口和鐵

路相互配合，內聯外通，特別是西南鐵路系統，可以說與當下粵西地區乃至大西南的開發不謀而合。當時面世不久的飛機，雖並沒有太多着墨，但實際上孫中山從未忽視航空領域的發展。

內聯外通交通樞紐初現

如今大沙頭三、四馬路一帶，南起沿江東路、北至大沙頭新市場，是廣州八個老機場之一——大沙頭水陸機場的範圍。這是廣州早期主要的機場，建於 1917 年 7 月。

據介紹，水上飛機場位於大沙頭南岸對開江面，停泊在碼頭的水上飛機可開到江面，在水上滑行起飛。陸上飛機場則是一條東西向的跑道，在大沙頭島中間，與今天的大沙頭三馬路、四馬路成直角相交。當時大沙頭機場一帶防衛嚴密，水上以水火罐為界，陸上則以紅旗為界，除大本營及航空局派出的艦艇及人員外，任何人和船隻均不得進入界內。如有擅自闖入者，駐軍可以開火迎擊。

大港與灣區不謀而合

「孫中山的厲害之處在於他的世界眼光、國際視野，而他的國際視野都建立在本土實際上。」廣東省社科院歷史與孫中山研究所原所長王傑表示，包括「南方大港」在內的幾個大港建設，實際上都是一種灣區概念，孫中山希望通過沿海帶動內地，實現整個中國經濟的聯動、平衡發展。

廣東省社會科學院原院長張磊也表示，孫中山提出「南方大

廣東省社會科學院原
院長張磊：
　　嶺南文化與當前
大灣區建設的文化思
想一致，而孫中山思
想正是嶺南文化其中
重要的組成部分。

港」構想，恰恰印證了發展城市群的客
觀性與必要性，「孫中山的構想，表
明了今天大灣區建設有充分的客觀條
件。」

　　百年時光轉瞬即逝，今日的廣州作
爲粵港澳大灣區區域發展的核心引擎，
正通過增強綜合交通樞紐功能，加快打
造灣區「一小時交通圈」，增強對周邊
區域發展的輻射帶動作用，其中廣清重
（廣清永）高鐵有望納入國家層面的規
劃中，未來廣州可 4 小時直達重慶；廣
湛高鐵預計今年 10 月動工，開通後廣州
到湛江的時間將縮至兩小時以內；穗莞
深城際軌道預計 9 月通車；虎門二橋項
目提前至清明節前通車……

升級樞紐功能輻射周邊
　　同時，依託空港、海港、高速鐵路、
幹線鐵路和高速公路等，廣州繼續着力
提升門户樞紐能級，實施「樞紐＋」戰
略，進一步暢通對外聯繫通道。如首條
中山——廣州的跨市線路已於去年 12 月

28日開通，南沙至中山高速公路項目，廣中江高速、深中通道、省濱海旅遊公路等建設，也是未來兩市重點推進的互聯互通項目。交通基礎設施的互通互聯拉近了廣州與周邊城市的距離，產業和創新資源的互動則爲産城融合提供了新的可能。

　　未來廣州還將充分發揮國家中心城市和綜合性門户城市引領作用，全面增强綜合交通樞紐功能，共建國際一流灣區和世界級城市群。張磊希望，在大灣區全新的框架下，灣區城市群能實現共建共享、互聯互通，實現乃至超越百年前孫中山的建設藍圖。

廣東省社科院歷史與孫中山研究所原所長王傑：

　　孔子是古代中華文化的代表，孫中山是近代中華文化的代表，藉此粵港澳大灣區建設之機遇，應考慮將孫中山文化打包申遺。

▲ 1924年6月16日，孫中山攜夫人宋慶齡出席黄埔軍校開學典禮

悠悠火龍船　濃濃粵港情

隨着去年9月廣深港高鐵香港段開通，廣州市民到香港旅遊購物探親有了更多的交通選擇，而百年前廣州人去香港，則要到大沙頭火車站乘坐廣九線前往。開通初期，每天上午9

▲廣九鐵路紀念園中展示了中國最後批量生產的蒸汽機火車頭

點各有一趟「慢車」分別從廣州和九龍對開，歷時7個多小時到達，被百姓戲稱爲「火龍船」。一些上了年紀的老街坊，特別是有親戚在香港的老廣州人，仍保留着去大沙頭坐老式蒸汽機車「落香港」的回憶。據説，當時乘坐廣九鐵路最多的是往返經商的商人和探親訪友的乘客，可稱得上是首條粵港「親情線」。

如今，一座以廣九鐵路爲主題設計的公園，成爲廣州新晉「網紅」，吸引老廣人來懷舊，年輕人來「打卡」，港澳同胞和外國遊客前來尋找歷史記憶。

【心血】

組建黃埔軍校 培養革命力量

吸取以往借助帝國主義和軍閥力量開展鬥爭，招致革命失敗的深刻教訓，孫中山決定仿效俄國，建立一支革命軍隊。在中國共產黨支持和蘇聯援助下，1924年孫中山在廣州着手組建黃埔陸軍軍官學校。

▲ 1924年8月31日，孫中山、蔣介石與蘇聯代表等一同走出黃埔軍校校門

孫中山對這所新型革命軍官學校非常看重，爲了建設一支有革命精神的隊伍，孫中山費盡了心血，特別是在課程設置上，黃埔軍校並沒有單純以教授軍事戰術爲主，而是仿效列寧的經驗，增設政治課程，包括三民主義、國民革命概論、社會主義運動等。

曾是黃埔軍校首期學生的徐向前元帥回憶：軍校訓令中明確規定「社會主義、共產主義、馬克思主義等書籍，本校學生皆可閱讀」，目的在於使其成爲自覺的反帝反封建革命戰士。

策劃省港大罷工　楊殷至死護真理

　　楊殷和孫中山是同鄉，1911 年初，在廣州聖心學院就讀的他由孫中山的哥哥孫眉介紹加入同盟會，跟隨孫中山一起推翻清政府的封建統治。楊殷在同盟會是負責交通情報工作，但很少人知他小時候學過武術，功夫了得。孫中山第一次在廣州建立革命政權時，直接任命其為衛隊副官兼大元帥府參軍處參謀。

　　五四運動後，楊殷開始接受馬克思主義。1922 年，由楊章甫、梁復然介紹，譚平山為監誓人，楊殷加入了中國共產黨。楊殷是著名的工人運動領袖。大革命時期，他以國民黨中央工人部特派員身份，先後到石井兵工廠，廣九、廣三、粵漢鐵路，陳李濟藥廠，香港九龍船塢等組織工會、小社等，發動工人參加反帝反封建鬥爭，是省港大罷工的重要領導者之一和 1927 年廣州起義的組織發動者之一。

　　楊殷在工人中有很高的威望，被稱為工人的「老大哥」。在組織發動廣州起義期間，親手組建工人赤衛隊，多次在陳李濟藥廠召開部署廣州起義的重要會議，廣州蘇維埃執行委員會就在當時的廣州漢民路禺山市陳李濟雜貨舖二樓誕生，（即今天的北京路 194 號禺山路口陳李濟側門）。中共六大後楊殷任中共中央政治局常委、中央軍事部部長。1929 年 8 月，由於白鑫叛變，楊殷與彭湃等人被捕，同月 30 日，被蔣介石下令槍決。

【孫中山史跡】
孫中山廣州重要足迹

黃花崗七十二烈士墓:

　　孫中山三次廣州革命中,影響最深遠的是 1911 年黃花崗起義,起義失敗後參與的 72 位烈士合葬於黃花崗七十二烈士墓,即今日廣州市越秀區先烈路

國民黨一大舊址:

　　1924 年 1 月,中國國民黨第一次全國代表大會在廣州舉行,這標誌着第一次國共合作形成,成為新的革命高潮的起點

大元帥府:

　　1917 年 7 月,孫中山率領部分海軍南下,在廣州召開國會非常會議,建立中華民國軍政府,設立大元帥府,並要求恢復《中華民國臨時約法》,開展武裝護法運動

黃埔軍校:

　　孫中山於 1924 年創辦,指定黃埔島上舊有的廣東陸軍學校和廣東海軍學校原址為校舍,是第一次國共合作時期的產物

孫中山文化粵港澳行

————

東莞

　　100 年前，孫中山在《實業計劃》中首次把經濟建設放到首位，也首次提出對外開放的經濟戰略思想。而在改革開放進程中，東莞最先嘗試開展「三來一補」業務，憑藉外向型經濟在上世紀 90 年代取得了豐碩成果。隨後經濟形勢變化，東莞又積極謀求轉型升級，構建開放型經濟新體制。如今，粵港澳大灣區建設不斷推進，東莞瞄準了高新技術產業，計劃打造成為大灣區乃至中國科技創新和成果轉化的前沿陣地。

東莞

孫中山文化粵港澳行

一百年前，孫中山在「實業計劃」中設想的廣東開放前沿，如今也首次提出向外開放的經濟戰略思想⋯⋯東莞緊緊圍繞著高新技術和成果轉化的前沿陣地，中國科技創新和成果轉化的前沿陣地。

▲在大灣區規劃中，松山湖暨定位為廣深港澳科創走廊中部脊樑，圖為科技人員在工作室進行研究　大公報記者師誠攝

孫氏宗祠俱繁孫卓群：
下次回到在一片濃郁的祖輩中，來自海內外的孫氏後人會自發聚集到家祠，共同緬懷偉人。

虎門文化廣播電視服務中心文明工作者黃雪娟：
講孫歷受孫中山精神影響啟深，為能推廣參與抗日戰爭及解放戰爭為新中建建設做貢獻了下基礎。
記者師誠整理

▲百年前，孫中山已提出對外開放的經濟戰略思想，他認為對外開放，不僅對中國人，而且對全世界都有好處。　資料圖片

開放敢為先
科創爭龍頭

三來一補領風騷
高新產業再啓航

大公報記者 胡誠、黃寶儀東莞報道

孫中山與富國姿強國

東莞人民銘記革命英烈

朱執信紀念碑：
朱執信，1905年7月加入中國同盟會，1906年德意動廣州新軍起義。1911年10月武昌起義爆發，在廣東策動起義軍在省地域，迅殺清水師提督李准投誠，溥廣東「吾不怕的」觀光瀑。1920年9月21日，朱執信前往虎門因說服軍隊及其首領教授與粵軍發生衝突，身中35彈，孫中山悲痛地寫：「執信是為我死，便我失先左存乎」。1923年孫氏名將鄧演達在虎門人民興建立朱執信紀念碑，碑上有朱執信親手書的牌名和題辭。
記者師誠整理

中山公園：
座落奧莞安墨上分娛樂性公園，是與家人民重碧寫孫中山的整改像貌，學習其為中華民族奮鬥精神的歷城建造。公園—一舉孫中山銅像當立了。位於公園廣場的「中山革命」，建有銅像。孫中山平者官派會主審，因中山蔭各於鄧弱當資招牌。公園內還有一座品表像。每項五年舉辦一句名入聲叫，到盛名其物的獎是孫中山的「法治能之為之」，可以勵建展，思召學。

孫中山故事

▲1923年10月21日，宋慶齡陪同孫中山視察虎門炮台　資料圖片

愛國將領浴血沙角
孫氏夫婦親臨細懷

從沙角炮門到大角炮門外的為岭台地約廣澳慶五年（1800年），是清行管理的要塞，溫門的沙角和大角和台在老門下距逐門約七公里，建有兩座炮台，隔海相對，像兩隻巨大鐵鉗扼住珠江出海口的咽喉，是虎門外的第一門炮「沙角炮門」的一道軍事防線。1839年7月，清虎的清朝愛國將領關應遠才被授予沙角炮戰爭，帶守沙角炮台。是他遠發御，在他清炮門下，沙角炮台的清軍將士。1841年1月，英軍攻陷沙角台，用500多發巨大鐵彈的炮打擊，守軍戰不停，戰爭為殉國。

當地的鄉愿為緬懷鄧將領捐建在香港，不見事業，在後沙角，制性入及紀成碑，在衛前立紀了障鄧的清嗣殉難難你。
從沙台的稅角的戰鬥是一和關應遠關外5000多名將士，因路戰中在沙角，義與的千一代河渺流血百戰，的清事本名望者。1845年，虎門人民號建紀念成殉難碑，於75英堂校的清祖嗣碑，名後之提起派表。

1923年10月21日，宋慶齡陪同孫中山抵達虎門視察炮台，細懷先烈⋯⋯

思義

麈下常勝將軍
掃蕩軍閥東征

▲房光霽是孫中山麈下的常勝將軍　資料圖片

瞄準國際創新城
增強科技競爭力

開放敢為先
科創爭龍頭

三來一補領風騷 高新產業再啓航

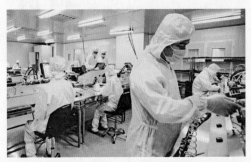

▲在大灣區規劃中，松山湖被定位為廣深港澳科創走廊中部脊樑。圖為科技人員在工作室進行研究

每逢節假日，虎門大橋都會堵得水泄不通，被網友笑稱爲「英雄難過虎門關」。然而，在歷史上，虎門大橋橫跨的虎門炮台遺址，是明清時代粵東海防的要塞，因規模宏大、固若金湯，素有「金鎖銅關」之稱與「南海長城」之譽。「英雄難過虎門關」也是真實存在的歷史。

孫中山倡言開放强國

在這裏，林則徐虎門銷煙一役，令大清上下沉浸在一片獲勝的

喜悅中。在這裏，第一次鴉片戰爭打響，拉開了中國近代史序幕：中國第一次向外國割地、賠款、商定關稅，使中國開始淪爲半殖民地半封建社會。從那時開始，仁人志士紛紛尋找強國之道，放眼世界、倡言開放、效法西方，鼓動和投身社會變革，孫中山正是其中之一。

1897 年初，孫中山在倫敦《雙周論壇》用英文發表《中國的現在和未來》一文，明確表示革命後的中國政府將實行對外開放政策。孫中山第一次使用了「開放」一詞，提出對西方文明採取開放態度。

在倫敦的 9 個多月，孫中山博覽群書，初步形成了三民主義的思想雛形。他認定在保持國家獨立和完整的條件下，堅持主動開放的政策。

到 1904 年，孫中山在美國發表《中國問題的真解決》一文，第一次公開提出他的對外開放主張，指出「中國的覺醒以及開明的政府之建立，不僅對中國人，而且對全世界都有好處。全國即可開放對外貿易，鐵路即可修建，天然資源即可開發，人民即可日漸富裕，他們的生活水準即可逐漸提高，對外國貨物的需要即可增加，而國際商務即可較現在增加百倍，一個從來也夢想不到的宏偉場所，將要向文明世界的社會經濟活動而敞開。」

發展外向型經濟尋出路

中國改革開放 40 年取得的輝煌成就證明，當年孫中山試圖通

孫氏宗祠後輩孫卓輝：

每逢重大紀念日，來自海內外的孫氏後人會自發聚集到宗祠，共同緬懷偉人。

過對外開放來發展經濟、改善民生的主張之正確。

廣東東莞，正是最早抓住國家發展國際加工業務和國際產業結構調整機遇的城市之一。1978 年 8 月 30 日，東莞縣二輕局與香港信孚手袋製品公司簽下東莞第一宗來料加工企業合作合同。9 月 15 日，中國內地第一家對外來料加工廠——東莞縣太平手袋廠正式開工，僅第一年就獲得加工費人民幣 100 萬元，創匯 60 萬元港幣。由此東莞拉開了「三來一補」業務的帷幕，成為內地最先嘗試開展這項業務的地區。

踐行開放建科技成果轉化區

後來，東莞人逐步探索出合適的發展道路，以「三來一補」為突破口，大力發展外向型經濟，建立了龐大的外向型工業體系，促進了東莞農村工業化，成為廣東「四小虎」之一。

中山市孫中山文化交流基地辦公室主任郭昉凌表示，在改革開放初期，東

莞的外向型經濟發展策略與當年孫中山的對外開放思想不謀而合，特別是在引進和利用外資方面。

此後，東莞堅持開放，實現了從傳統農業社會到現代工業社會的轉型，實現了從農村到城市的社會變遷，實現了人民群眾從貧困到溫飽再到寬裕小康的生活轉變，成為「中國改革開放的一個精彩而生動的縮影」。

當下，隨着《粵港澳大灣區發展規劃綱要》的出台，明確提出將加快國際科技創新中心建設，東莞作為廣深港澳科技創新走廊上重要節點城市，近年針對科技成果轉化及產業化提出了一系列利好措施，並提出將構建完善的科技成果轉化體系。

到 2020 年初步形成貫穿源頭創新、技術創新、成果轉化、企業培育全鏈條，吸引一批粵港澳及國際先進科技成果來莞轉移轉化；到 2025 年，建成粵港澳科技成果轉化示範區。

虎門文化廣播電視服務中心文明工作者黃雪穎：

蔣光鼐受孫中山精神影響很深，為他後來參與抗日戰爭及解放後為新中國建設做貢獻打下基礎。

麾下常勝將軍 掃蕩軍閥東征

位於東莞市虎門鎮南柵村的荔蔭園，是孫中山革命時期麾下常勝將軍蔣光鼐的故居。步入園中，穿過生長茂盛的荔枝樹，一座造型典雅的西洋別墅映入眼簾，與孫中山有數 10 年淵源的蔣光鼐，就誕生於此。

1917 年 9 月，國會非常會議選舉孫中山爲中華民國軍政府大元帥，蔣光鼐出任警衛營第一連少校連長，後改任參謀。孫中山組建援閩粵軍時，以陳炯

▲蔣光鼐是孫中山麾下的常勝將軍

明爲司令，蔣光鼐任少校參謀。1919 年 6 月，他隨朱執信到香港設立討桂辦事處，配合援閩粵軍回粵的軍事行動。

1924 年 11 月，孫中山應馮玉祥的邀請，北上共商國是。盤踞廣東北江一帶的軍閥陳炯明乘機起兵，廣東軍政府發動第一次東征。蔣光鼐率領第二團充當全軍前衛，屢勝敵軍。

瞄準國際創新城　增強科技競爭力

孫中山很早就提出科技振興中華的概念。「當今科學昌明之世，凡造作事物者，必先求知而後乃敢從事於行。」這是孫中山先生生前在《建國方略》首篇中對科研

▲松山湖科技產業園呈現出高速發展態勢

發展的叮囑。2001 年東莞松山湖科技產業園區成立，並以「創新東莞發展模式、重塑東莞形象、推動東莞由國際製造業『基地』向『名城』轉變、構築東莞未來發展整體競爭力」為擔當。

在松山湖生態城市科普館，記者了解到，松山湖科技產業園通過實施政府主導、公司運營的生物技術產業發展模式，大力扶持生物技術產業發展，生物醫藥、醫療器械與設備等重點領域發展迅速，已經形成了一定產業規模。

松山湖的發展，吸引了越來越多的香港、澳門青年創業者的關注。香港青年企業家鄧文俊此前就帶着 10 萬元人民幣來東莞創業，並入駐東莞松山湖港澳青年創業基地，埋首研發增強現實（AR）技術。

愛國將領浴血沙角 孫氏夫婦親臨緬懷

位於東莞虎門海口東岸的沙角炮台建於清嘉慶五年（1800年），是鴉片戰爭的古戰場，當時的沙角炮台與大角炮台是虎門海口的第一道防線，被譽爲粵海第一重門戶。在那裏，現存瀕海台和刻有「沙角」字樣的石牌坊各一座，另有大炮三門、林公則徐紀念碑、繳煙碼頭廣場、節兵義墳、陳連升塑像、捕魚台等珍貴文物遺跡。

1839 年 7 月，年逾六旬的清朝愛國將領陳連升被提升爲三江協副將，駐守虎門沙角炮台。在他的帶領下，先後 6 次擊退來犯的英國侵略者。1840 年，英軍大舉來襲，陳連升率 600 多官兵與數倍於己的侵略者浴血奮戰，終因寡不敵衆，壯烈犧牲。

而他的戰馬被英軍俘獲後帶往香港，不飲不食，望北長嘶而死，被後人譽爲節馬。在炮台前，如今立起了陳連升與節馬的雕像供後人瞻仰。

位於沙角炮台的百草山上，與陳連升一同壯烈殉國的 600 多名將士，因彼時信息不暢，交通不便，直至兩年後，仍有一些非莞籍官兵的遺骸未被安葬。1843 年，虎門人民感念這些將士對國家的忠勇，將 75 名犧牲官兵的遺骸合葬一處，稱之爲節兵義墳。

1923 年 10 月 21 日，宋慶齡陪同孫中山視察虎門炮台，緬懷先烈。

【孫中山史跡】

東莞人民銘記革命英烈

中山公園：

　　在東莞長安鎮上沙社區的中心地帶，建有一座中山公園，是長安人民為緬懷孫中山的豐功偉績，學習其為中華民族奮鬥終身的精神而建造的。步入園中，草木茂盛，一尊孫中山的銅像矗立正門。這尊銅像名叫《奔走革命》，是由孫中山和平教育基金會主席、孫中山孫女孫穗芳出資捐贈。

　　公園內還建有一條法語長廊，每隔五米懸掛一句名人警句，首當其衝的便是孫中山的「法治國之善者，可以絕寇賊、息訟爭」。

朱執信紀念碑：

　　朱執信，1905 年 7 月加入中國同盟會，1908 年他發動廣州新軍起義，1911 年 10 月武昌起義爆發後，在廣東發動民軍會攻省城，迫使清水師提督李准投誠，讓廣東「兵不血刃」就光復。

　　1920 年 9 月 21 日，朱執信到虎門調停駐軍與東莞民軍衝突時被桂系軍閥殺害，時年 35 歲。孫中山悲痛地說：「執信忽然殉折，使我如失左右手」。1923 年抗日名將蔣光鼐在虎門人民南路建立朱執信紀念碑，碑上有胡漢民手書的碑名和撰書的碑文。

孫中山文化粵港澳行

惠州

　　辛亥革命前，孫中山曾領導 10 次反清武裝起義，兩次發生在惠州；孫中山組建廣東革命政府，並在中國共產黨的倡導下組織國民革命軍兩次東征，其間 6 次親臨惠州前線督戰；「惠州三傑」廖仲愷、鄧演達和葉挺，都曾追隨孫中山進行革命活動，讓惠州在救亡圖存的民主革命中留下了輝煌的歷史記錄。隨着日前廣東省文化和旅遊廳發布《粵港澳大灣區文化遺產遊徑建設工作方案》，提出年內將建成包括孫中山文化遺產遊徑在內的 4 條遊徑線路，惠州也將在宜遊灣區建設及弘揚孫中山文化方面發揮更重要作用。

孫中山文化粵港澳行

惠州

孫亥革命前，孫中山曾領導十次反清武裝起義，其中兩次發生在惠州。辛亥革命第二年，即一九一二年五月，孫中山組閣國家要政府，曾在惠州組織兩次武裝起義，都對惠州寄予很高的評價：「惠州人民的偉大！」惠州人民革命的精神和力量，對孫中山革命事業產生了積極的推動作用。今天的惠州，繼承和發揚孫中山文化，保護好孫中山文化遺產資源以及弘揚孫中山文化至關重要意義和影響作用。

▲惠州不僅有廖仲愷紀念碑，還有以他命名的仲愷高新技術產業開發區，蘊藏土地資源彌彰為足，未來將善善人文優勢，發揚人文特色。 資料圖片

▲1924年，孫中山在廖仲愷的陪同下，巡視廣東各軍 資料圖片

辛亥兩起義
三英烈流芳

修建文化遺產遊徑
感知天下為公情懷

大公報記者 黃寶儀惠州報道

孫中山故事

▲鄧演達一生主張滿革命傳奇色彩，為國共第一次合作作出重要貢獻 資料圖片

促成國共首次合作
鄧演達研救國真理

1895年孫中山棄醫從戎之路，今惠州孫也縣民政，初到政府。中山參加同盟會，司盟國中山同會，接國國《尋惠，辭元，抗戰民工》之國家，鼓國民第一次合作之際發事實就。

孫中山惠州督戰

戰翁山
1923年，孫中山為鞏固廣東江的腹背的後軍，親自督戰以聯軍隊攻佔惠江軍馬登升飛鵬御鵬。1925年10月，國民革命軍第二次東征改打惠州時，飛鵬就是孫革命的著名的略地地。

守護
三代義務守碑
七十載如一日

「一九三〇年這座紀念碑立建惠州西湖邊，守了七十多年...

▲楊泉基一家三代義務守護廖仲愷近七十年
大公報記者 黃寶儀攝

勳勳
挺身而出救中華
北伐名將鑄鐵軍

◀葉挺將軍紀念園每年吸引八十萬人參觀，圖為解放在園裡看葉挺軍事介紹
大公報記者 黃寶儀攝

▲鄧演達紀念園內聳立着他的銅像，不遠處則是其故居所在
資料圖片

辛亥兩起義
三英烈流芳

修建文化遺產遊徑 感知天下爲公情懷

▲惠州不僅有廖仲愷紀念碑，還有以他命名的仲愷高新技術產業開發區，該區土地資源儲備充足，未來將完善人文優勢，發揚人文特色

　　在大灣區 11 個城市中，惠州與孫中山的關係頗爲密切，是辛亥革命策源地之一，也是孫中山領導的革命黨人革命鬥爭的主要地區。今天的惠州，飛鵝嶺、梅湖、葫蘆嶺、白沙堆、虎頭嶺等地，都曾留下他的足跡，當中最著名的要數 1900 年的三洲田起義和 1907 年的七女湖起義。

起義第一槍提振反清信心

　　辛亥革命前夜，中國北方爆發了義和團運動，國內政局混亂不

堪，西方列強虎視眈眈，儼然是「可奴可主、可瘠可肥」的時刻。孫中山看準這個時間，準備順勢而為，派楊衢雲、鄭士良到香港、惠州等地準備起義。

1900 年 10 月，鄭士良受孫中山委託率三合會 600 多人在惠州三洲田起義，史稱「庚子惠州之役」。起義軍屢敗清軍，很快發展到兩萬多人。可惜的是，日本首相伊藤博文突然改變對華政策，起義軍血戰半個多月，雖然士氣旺盛，但在外無援軍、內乏彈藥情況下，鄭士良只好按照孫中山的指示，將義軍解散並走避香港。

三洲田起義被孫中山稱為廣東領導革命成功的極其重要的起點。雖惠州起義以失敗告終，但作為 20 世紀中國革命的第一槍，惠州起義讓當時的中國人漸漸了解革命，因此得到孫中山高度評價，稱「知國人之迷夢已有漸醒之兆」。同時，惠州起義發生於武昌起義之前，提振了信心，為武昌起義成功及最終推翻清朝奠定了基礎。

孫中山在惠州策劃的第二次起義是惠州七女湖起義。籌劃潮州起義時，為分散清軍注意力，孫中山派鄧子瑜在惠州地區發動起義。1907 年 6 月 2 日，鄧子瑜委派陳純、孫隱等人在距離惠州 10 公里的七女湖聚眾豎旗發動起義，劫奪了清軍防營槍械，攻佔了一些墟、村。清水師提督李准緊急調兵鎮壓，但起義軍聲東擊西，使清軍疲於奔命。這次起義共持續 10 多天，最終因黃岡起義失敗，失去聲援，且接濟槍械未到，起義軍自行解散。

陳江街道辦事處辦事
員楊卓基：

傳承廖仲愷的愛
國情懷，可以讓年輕
人堅定內心信仰，積
極向上、往前推進。

史跡遍布可串聯開發

數十年革命生涯中，孫中山不僅在
惠州留下眾多革命足跡，還影響、培養
了像鄧演達等民主愛國志士，並與惠州
籍愛國人士廖仲愷結下了深厚的革命友
誼。爲紀念孫中山，1928 年位於惠州
西湖平湖東面棷山的惠州第一公園改名
「中山公園」；1937 年，惠州人民爲紀
念孫中山，在惠州中山公園內修建了中
山紀念堂。

這是廣東省僅有的三座中山紀念堂
之一。紀念堂前是孫中山石像，只見
「他」手拿禮帽，目視遠方，彷彿看着
這片他曾奮鬥過的熱土。紀念堂旁邊，
記者看到很多關於中山公園的壁畫，上
面寫着孫中山的名言，還有三洲田起義、
七女湖起義的相關歷史，讓後人重溫革
命歲月。

中山公園及中山紀念堂，僅是惠州
眾多與孫中山有關的景點之一，這裏還
有飛鵝嶺東征舊址、七女湖起義舊址、
廖仲愷紀念碑、葉挺將軍紀念園等。中

山市孫中山文化交流基地辦公室主任郭昉凌表示，惠州與孫中山先生相關的旅遊資源豐富，近年着力發展旅遊業，將相關景點串聯起來並統一開發，可更好守護和傳承孫中山文化。

今年5月，廣東省文化和旅遊廳發布《粵港澳大灣區文化遺產遊徑建設工作方案》，提出年底前將建成包括孫中山文化遺產遊徑在內的四條遊徑線路。

廣東省文物考古研究所古建築保護中心副主任曹勇表示，大灣區內與孫中山相關的全國重點文物保護單位共66處，省級文物保護單位8處。通過有效串聯價值突出、保存較好的孫中山史跡點形成孫中山文化遺產遊憩通道，可讓遊客感知孫中山「天下爲公」的博大情懷。

鄧演達紀念園講解員陳婷：

鄧演達是中國農工民主黨的創始人，中國國民黨左派領導人之一，中國共產黨的親密戰友。如今鄧演達紀念園每月有幾千人前來瞻仰。

◀ 1924 年，孫中山在廖仲愷的陪同下，巡視廣東各軍

【守 護】
三代義務守碑　七十載如一日

「1950 年，爺爺 23
歲時，出於對廖仲愷先
生的敬仰，義務守護紀
念碑，一個掃把一個抹
布，讓紀念碑始終乾淨
光鮮，也讓前來的小孩
有機會深入了解廖仲愷
的故事，直到 2016 年
爺爺去世。」在廖仲愷

▲楊卓基一家三代義務守護廖仲愷墓近 70 年

紀念碑前，陳江街道辦事處辦事員楊卓基將他們一家守護墓碑的故
事娓娓道來。

　　為表彰廖仲愷的豐功偉績，國民政府在他的故鄉惠州陳江的村
莊建衣冠塚，豎立紀念碑。但廖家後人並不在此居住，紀念碑建好
後 20 多年幾乎無人管理，雜草叢生。1950 年，當時還是土改幹部
的爺爺便自願承擔起看護紀念碑和衣冠塚的任務，69 年如一日。
在楊卓基的爺爺看來，「廖仲愷是革命先驅，立了大功，（紀念碑）
搞壞了不行。」楊卓基從小看着爺爺和父親每天早上起來清掃碑
園，用布細細擦拭碑上的灰塵，對紀念碑有深厚的感情。如今他也
順理成章接過爺爺的接力棒，「這是一種精神的傳承。」

【功勳】
挺身而出救中華　北伐名將鑄鐵軍

「領導抗敵 卓著勳勞」是毛澤東讚揚葉挺的話。短短 8 字正是葉挺鐵骨錚錚、戎馬一生的寫照。葉挺原名葉爲詢，啓蒙老師爲其改名「挺」，有挺身而出、拯救

▲葉挺將軍紀念園每年吸引約 80 萬人參觀，圖為觀眾在觀看葉挺事跡介紹

中華之冀。葉挺也如老師所望，成爲中國人民解放軍創始人之一，著名軍事家、政治家。

　　爲推翻帝國主義和封建軍閥的統治，廣州國民政府在中國共產黨推動支持下，決定北伐，命葉挺獨立團爲北伐先鋒，出師入湘。1926 年 5 月 1 日，葉挺率獨立團先遣北上，斬關奪隘，爲第四軍贏得「鐵軍」稱號，自己也被譽爲「北伐名將」。

　　中山市孫中山文化交流基地辦公室主任郭昉凌說，1927 年 7 月汪精衛背叛革命與蔣介石同流合污後，中國共產黨先後舉行南昌起義、秋收起義和廣州起義等一系列武裝反抗國民黨，葉挺參與領導和指揮了南昌起義和廣州起義，立下不朽功勳。

促成國共首次合作 鄧演達研救國真理

1895 年生於廣東惠陽永湖鄉（今惠州市惠城區三棟鎮）的鄧演達，早年參加同盟會、追隨孫中山革命，後擁護「聯俄、聯共、扶助農工」三大政策，為國共第一次合作作出重要貢獻。

▲鄧演達紀念園內豎立着他的銅像，不遠處則是其故居所在

鄧演達是中國農工民主黨的創始人，中國國民黨左派領導人之一，中國共產黨的親密戰友。他的一生充滿革命傳奇色彩：自幼勤奮好學，立志救國；青年時追隨孫中山，投身民主革命，是黃埔軍校創辦者之一。

大革命時期，鄧演達能征善戰，功勳卓著，後任武漢行營主任、湖北政務委員會主席，他積極支持農民運動，創辦農民運動講習所，推動農運的發展。

大革命失敗後鄧演達流亡海外，考察各國政治、經濟，鑽研理論，不懈追求救國救民的革命真理。1930 年回國，創立了中國國民黨臨時行動委員會（中國農工民主黨前身），繼續開展革命鬥爭。1931 年鄧演達不幸被捕，最後獻出了生命。

孫中山惠州督戰

飛鵝嶺：

　　1923 年，孫中山為肅清東江的陳炯明叛軍，親自偕同蘇聯顧問鮑羅廷等登飛鵝嶺視察。1925 年 10 月，國民革命軍第二次東征攻打惠州時，飛鵝嶺是革命軍的炮兵陣地和戰略據點。

梅湖大炮山：

　　1925 年 10 月，國民革命軍第二次東征，以此山為攻城的炮兵陣地，山上架設野戰炮兩尊。這裏的大炮將北門城牆轟開了 10 多處缺口，東征軍由此攻進了稱為天險的惠州城。

白沙堆：

　　孫中山在 1923 年來到惠州時，經過白沙堆並作短暫停留，傳達分析惠州城重要的水陸交通地位，到達惠州後親自指揮發炮轟擊陳炯明叛軍。

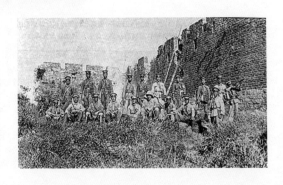

孫中山文化粵港澳行

深圳

　　「世界潮流，浩浩蕩蕩，順之者昌，逆之者亡」。100多年前，孫中山以此爲座右銘，強調要「內審中國之情勢，外察世界之潮流，兼收眾長，益以新創」，喊出了「振興中華」的口號。100多年後，「敢爲天下先」成爲了最具深圳特色的發展理念之一，打破框框、勇闖雷區、銳意創新，這些精神理念已深入深圳人的血液，通過改革開放，孫中山的「中國夢」在深圳得到了實現。

大公報

責任編輯：慈泳秋　美術編輯：馮台培

2019年6月20日　星期四

深圳

孫中山文化粵港澳行

▲1900年冬，孫中山和自立軍骨幹在日本東京合影。圖左起為尤列、廖才貫、孫中山、秦力山、沈翔雲　資料圖片

「世界潮流，浩浩蕩蕩，順之者昌，逆之者亡」。一百多年前，孫逸仙，益局深刻，一喝出「世界大潮流，氣吞天下」，成為最具見識時代的發展理念之一，打破帝制、奏國強民的血淚，與孫中山...的「中國夢」在深圳演繹到了實踐。

改革立潮頭
大鵬展翅飛

先行先試闖雷區
灣區創新再衝鋒

大公報記者　石華、胡永愛、趙曉深圳報道

▲前海在深圳深層城市合作上扮演一個重要角色，前海已成為深圳發展未來的明珠，圖為遊客在前海石前留影　資料圖影

中山市孫中山文化交流基地辦公室主任鄧咏濤：

現如今在深圳的中山公園內，共產黨人與市民生活息息相關，符合孫中山所提出的民生主義。

中英街歷史博物館館長孫霄：

「庚子首義」是孫中山革命思想的一個轉折點，可以設這裏是孫中山革命思想萌發的場地。
記者石華整理

深圳紀念孫中山的建築

深圳市孫逸仙心血管醫院：位於羅湖區泥門北路。創建於上世紀80年代中期，是孫中山孫女孫穗芳捐贈，經濟國家主席李先念批准興建的一所公立醫院。於1992年開院。

庚子首義孫中山紀念學校：1925年孫中山及子孫科捐款為學校興建校名，學校的育教學的一套規模於2003年，2005年深圳靈坑區改列當地起校重建了此座學校。
記者石華整理

庚子青春書址：孫中山在這裏打響民生革命的第一槍。近期，深圳院政府撥款2750萬元人民幣進行修繕，於1992年內於外遊客。

中山公園：深圳中山公園位於佛山市，佔地約兩萬平米，包是深圳歷史最久的公園。這個有全深圳最大的孫中山石雕塑像。

孫中山故事

▲庚子中國揭陽附，八國聯軍軍官與中國志願合照　資料圖片

締結共和政體
打響反清首槍

東征粵海準，我的深刻的經歷不忘追之讓，但起步廢深來志向思遠、湖外國語子至與進國，湖外國這於正值100年半甲孫中山締結三和締和風起的意義，打響反清革命的第一聲槍...

借力
乘國家開放之風
引外資扎根落戶

民生
梧桐山下建公園
市民打卡好去處

▲深圳中山公園內有全國最大的孫中山石雕頭像
大公報記者石華攝

改革立潮頭
大鵬展翅飛

先行先試闖雷區 灣區創新再衝鋒

▲前海在深港兩座城市合作上扮演一個重要角色，前海已成為深圳發展未來的明珠。圖為遊客在前海石前留影

　　今天我們要實現中華民族偉大復興的奮鬥目標，百年前也曾是孫中山等民主革命先驅們的理想。孫中山曾對自己的理想國度有過很多具體的描述與勾畫，如他在 1904 年給美國人民的一封信中説道：「一旦我們革新中國的偉大目標得以完成，不但在我們美麗的國家將出現新紀元的曙光，整個人類也將得以共享更為光明的前景。普遍和平必將隨中國的新生接踵而至。一個從來也夢想不到的宏偉場所，將要向聞名世界的社會經濟活動而敞開。」

　　為此，孫中山從經濟建設、民生改善、利用外資等多個方面，

對「振興中華」做了具體規劃。正如他在《實業計劃》中所說：「必有一莊嚴燦爛之中華民族發現於東大陸，架諸世界共和國之上矣！」今天要了解新中國在中共領導下奮發圖強、實現中華民族之崛起的歷程，深圳就是最好的窗口。

高樓林立、產業發達、道路通暢、綠樹成蔭，如今的蛇口工業區，已是深圳最現代化、國際化的片區之一。鏡頭拉回到 1979 年，「開山第一炮」如同春雷炸響神州，隨着這聲炮響，蛇口工業區開創了多項制度與觀念的革新。如今很多上了年紀的人都還能想起「時間就是生命，效率就是金錢」、「發展才是硬道理」、「鼓勵創新，寬容失敗」等一句句振奮人心的口號。這些帶有時代印記的發展口號，展示了深圳百折不撓的城市氣魄和「敢爲天下先」的改革精神。

憑着這股精神，深圳發展從速度到質量，從以吸引港資爲主到外資來自全球，從「三來一補」、「前店後廠」到華爲、大疆等企業走向世界，從建立中國內地第一個出口加工區到連續 25 年保持外貿出口內地城市第一，從小漁村蛻變爲國際大都市……正如中山市政協主席丘樹宏所言，通過改革開放，孫中山的中國夢在深圳得到了全面實現，詮釋了孫中山 100 多年前提出的「振興中華」。

傳承優秀文化實現中國夢

在前海鯉魚門入口處，有一棟巨大的藍色建築格外顯眼。這是於 2013 年落成的前海展示廳，這裏是很多包括港澳在內的創業

中山市孫中山文化交流基地辦公室主任郭昉凌：
　　現如今在深圳的中山公園內，共產黨人將民生落實到實處，符合孫中山所提出的民生主義。

青年抵達深圳的第一站，每年接待上萬批次國內外賓客。開放新高地、特區中的特區等理念也由此深深印在參觀者心中。

2015 年 4 月 27 日掛牌成立的深圳前海蛇口自貿片區，在內地率先實現港澳居民免辦《台港澳人員就業證》；允許在前海工作的港澳居民、外籍人士自願繳存住房公積金，並按照深圳市規定提取公積金、使用公積金貸款……作為深港緊密合作區，前海惠港政策持續更新，正不斷深化內地與港澳的交流合作。

4 年時間，前海蛇口自貿片區實現每平方公里產出超百億元人民幣、平均每個工作日開業企業 76 家、每 3 天推出一項制度成果，吸引了 351 家世界 500 強企業前來投資。

中山市孫中山文化交流基地辦公室主任郭昉凌認為，孫中山提出振興中華到習近平提出實現中華民族的偉大復興，兩者是一脈相承。

如今，粵港澳大灣區建設如火如荼，「9 + 2」城市之間的聯繫也越來越緊密。丘樹宏認爲，孫中山與香港、澳門以及珠三角各個城市都有着十分豐厚的歷史淵源，在粵港澳地區形成了一個特別的文化圈，是粵港澳大灣區最具代表性和影響力的人文價值鏈。

未來，凝聚在包括孫中山文化在內的嶺南文化共同體中，灣區人將繼承敢爲人先、改革創新等優秀文化傳統，推進粵港澳大灣區建設，爲實現「中國夢」貢獻力量。

中英街歷史博物館前館長孫霄：

　　「庚子首義」是孫中山革命思想的一個轉折點，可以說深圳就是孫中山革命思想轉變的福地。

▲ 1900 年冬，孫中山和自立軍骨幹在日本東京合影，圖左起爲尤列、唐才質、孫中山、秦力山、沈翔雲

梧桐山下建公園 市民打卡好去處

閒適垂釣者、跑步鍛煉者、安靜閱讀者、緬懷思考者……這是深圳中山公園普通的一天。

中山市孫中山文化交流基地辦公室主任郭昉

▲深圳中山公園內有全國最大的孫中山石雕頭像

凌表示，1924 年，孫中山在《建國大綱》中提出「建設之首要在民生。」「追求民眾受惠是孫中山的畢生理想，今天在中山公園，共產黨人將民生落實到實處，符合孫中山所提的民生主義。」郭昉凌說。

作爲深圳市唯一的以孫中山名字命名的公園，這裏有全國最大的孫中山石雕頭像。雕像高 10 米，橫跨 27 米，頭部由重達 88 噸的整塊花崗岩雕刻而成。雕像以深圳梧桐山爲背景，下有起義者浴血奮戰場面的浮雕，孫中山凝目遠視。雕像背面雕有孫中山的手跡名句「吾志所向，一往無前，愈挫愈奮，再接再厲，用能鼓動風潮造成時勢。民國 7 年 12 月 30 日孫文」。

乘國家開放之風 引外資扎根落戶

「我無資本，利用外資，我無人才，利用外國人才，我無良好方法，利用外人方法」，孫中山在《實業計劃》中將希望寄託在國外。孫中山百年前的理想在深

▲深圳的飛速發展吸引了眾多外資落戶。圖為外國投資者了解深圳對外貿易情況

圳變爲現實，深圳是外資企業率先踏足的熱土，改革開放後第一家來中國投資的外資企業就在深圳，而建市 40 年來，深圳吸引了眾多外資企業扎根落戶。

2018 年底，國際四大會計師事務所之一的畢馬威公司，在深圳新設立了創新創業共享中心，面向大灣區提供服務。這是繼中關村之後，這家外企在內地設立的第二家創新中心。

不僅如此，去年蘋果、微軟、高通等跨國公司紛紛在深圳設立分支機構。截至 2018 年底，深圳累計引進外商直接投資項目 8.2 萬餘個，累計實際使用外資金額近千億美元。

雖然孫中山一生未曾到過深圳，但他的思想爲深圳所借鑒。40 年來，外資成爲深圳經濟高速發展的重要推動力。

締結共和政體　打響反清首槍

東部華僑城，到訪深圳的遊客必遊之地，但是許多遊客未必知道這裏還有一處孫中山庚子首義雕塑園，園內講述的正是 100 多年前孫中山領導三洲田起義的歷史，打響反清革命「第一聲槍」。

三洲田，今天深圳市鹽田區東北部的一個地名，當年的三洲田庚子起

▲庚子國難期間，八國聯軍軍官與中國老百姓合影

義歷時 32 天，以失敗告終。但這次起義，在中國大地上打響創立共和政體的近代民主革命戰爭，成爲孫中山及其政黨領導的近代中國民主革命的首次戰爭實踐，贏得了國人的讚譽。

雖然三洲田起義最終失敗，但起義的影響則極爲深遠，最爲關鍵的一點就是群衆擁護和支持的程度遠遠超出意料之外。中英街歷史博物館前館長孫霄長期以來致力於「庚子惠州之役」的研究，他認爲，這是孫中山以武力推翻君主封建專制的一次重要革命實踐。

據史料記載，辛亥革命勝利後，孫中山專門派人去三洲田慰問，撥款爲三洲田民衆修建房屋，還在三洲田建立了一所小學，以教育後代，並撰文紀念，對「庚子首義」給予高度評價。孫中山逝世後，其子孫科爲該校題寫「庚子革命首義中山紀念學校」匾額。

深圳紀念孫中山的建築

中山公園：

　　深圳中山公園位於南山區，佔地 49 萬平方米，也是深圳歷史最悠久的公園，這裏有全國最大的孫中山石雕頭像。

庚子首義舊址：

　　孫中山在這裏打響民主革命第一槍。近期，深圳市政府撥款 2758 萬元人民幣進行修繕，有望年內對外迎客。

庚子首義中山紀念學校：

　　1925 年孫中山長子孫科親自為學校題寫校名，學校的教育教學活動一直延續至 2003 年，2005 年深圳市鹽田區政府在新址重建了這所學校。

香港

　　「我之革命思想，完全得之於香港。」1923 年 2 月，重返香港的孫中山面對香港大學師生作公開演講時由衷感嘆道。香港見證了孫中山的青春年華——他以優異成績完成大學學業，與志同道合的革命摯友策動推翻清廷，在推動強國富民的道路上不斷求索。從學子到醫生，再到中國民主革命的偉大先驅，香港給了他接觸不同階層的機會，其改革中國的理想和抱負亦在這裏得到施展和弘揚。香港的學者和政界人士均表示，現時中國面臨貨幣戰、金融戰、科技戰，港人應傳承和發揚孫中山的愛國精神，爲中華民族的偉大復興砥礪奮進。

香港

孫中山文化粵港澳行

▲孫中山曾說過：「我之革命思想，完全得之於香港。」圖為位於澳營倫為勞來遮街的中山紀念公園　資料圖片

▲1912年5月20日，孫中山（前右）蒞港期間，在總督府與香港總督施勳（前左）進行非官方的私人會晤　資料圖片

蕐露復興路
丹心照香江

胸懷天下總為公
愛國青史勵後昆

大公報記者　文軒、馬宇、劉家莉、梁靖怡、郭汶秋報道

全國政協常委、香港中華總商會會長蔡冠深：
孫中山一生追求中華民族復興，尤其注重啟開國門，這對今日中國仍有巨大的現實意義。

香港歷史學會會長、前香港大學中文及歷史系榮譽教授丁新豹：
對於美國近百年貿易路上不斷向中國施壓，港人應堅循孫中山的復興精神，團結起來一起對抗。

著名香港史專家、香港嶺南大學榮譽教授劉智鵬：
香港在思想、組織、軍事和財政等方面對孫文革命運動產生過全方位的影響。

弘揚
組織師生走近歷史
深入了解偉人精神

◀小學生在參觀孫中山紀念館仁濟醫院蔡行清小學供圖

團結
愛國始於心
奉獻踐於行

◀歷經百餘年，孫中山故居依舊矗立不倒　資料圖片

孫中山香港活動軌跡

習醫時代
1887年─1892年7月
1887年孫中山在雅麗氏醫院附設的西醫書院接受醫學訓練，1892年7月以全校之冠的優秀成績畢業

中學教育
1883年11月─1886年夏
17歲的孫中山，補習為期5年的香港中學為期高，能升到香港政府中央書院升學

投身革命
1895年1月以後
孫中山在香港撰香山居所產業，以革命為志趣的孫科則以個人的關係及社會仁文社成員趙榮革命組織，其後在港期間香港與粵州起義

葦露復興路
丹心照香江

胸懷天下總爲公　愛國青史勵後昆

▲孫中山曾說過：「我之革命思想，完全得之於香港。」圖為位於西營盤海旁東邊街的中山紀念公園

　　1883 年，從檀香山回國的孫中山途經香港作短暫停留，整潔的市容衛生、先進的城市基建等令他印象頗深。同年秋天，孫中山入讀拔萃書室，後進入中央書院（皇仁書院的前身）求學。1887 年，孫中山入讀當時創立不久的西醫書院，5 年後以優秀成績畢業。

革命思想從香港得來

　　著名香港史專家、香港嶺南大學榮譽教授劉蜀永表示，孫中山在香港讀書的 7 年時間對他革命思想的形成至關重要。1923 年

2 月 20 日，孫中山在香港大學發表講演，在回答「於何時及如何而得革命思想及新思想」時，他說：「我之此等思想發源地即爲香港。」劉蜀永指出，香港對辛亥革命運動產生過全方位的影響，不僅是孫中山革命思想的產生地，也是革命黨人建立革命組織、發動武裝起義、從事革命宣傳和籌集革命經費的重要基地。

1895 年 2 月，孫中山回港成立了香港興中會總會。總會同年發起廣州起義，五年後又發動惠州起義，雖均以失敗告終，但香港成爲了義士們退居留守、保存實力的重要基地之一。1905 年同盟會在東京成立後，孫中山曾多次透過同盟會香港分會和南方支部統籌策劃系列革命，香港繼續成爲他發動革命的策源地以及海外籌餉的樞紐地。

揚中山精神　傳和諧能量

「許多人開玩笑說，中山人最擅長的就是搞革命，因爲孫中山先生是偉大的政治家和革命家，一生中策動至少 10 次武裝起義，徹底推翻了延續上千年的中國封建王朝。但比較少人知道的是，孫中山先生也是現代經濟建設理論的探索者和實踐者。他在 100 多年前提出了振興中華的方略，被稱頌爲『中國現代化事業的偉大開拓者』。」全國政協常委、香港中華總商會會長蔡冠深頗爲認真地告訴記者。

身爲中山鄉親，蔡冠深認爲：「孫中山先生一生追求中華民族復興，尤其注重敞開國門，吸收引進國外的先進思想、文化、

全國政協常委、香港中
華總商會會長蔡冠深：
　　孫中山一生追求
中華民族復興，尤其
注重敞開國門，這對
今日中國仍有巨大的
現實意義。
"

香港歷史學會會長、
前香港大學中文及歷
史系榮譽教授呂元驄：
　　對於美國近年在
貿易上不斷向中國施
壓，港人應發揚孫中
山的愛國精神，團結
起來，一致對外。
"

科技和人才，這對於今日中國仍然有巨
大的現實意義。」爲此，近年來，他致
力推動和挖掘孫中山文化，更在日本舉
辦了高規格的紀念孫中山與今日亞洲研
討會。每年全國兩會期間，他都會在政
協提出有關弘揚孫中山文化的提案，並
得到國家相關部門的重視和支持，2016
年，孫中山先生誕辰 150 周年，國家舉
行了隆重的紀念活動，這裏面，也有他
的一份貢獻。

　　此外，2016 年時值新中國成立 67
周年，蔡冠深以基金會的名義，首次將
孫中山大型交響曲引入香港。蔡冠深表
示，時下有部分香港青少年對國家了解
不足，對香港本身存在的一些社會及經
濟難題有不同看法，而音樂會作爲一項
文化活動，希望能弘揚孫中山精神，將
和諧共贏的正能量，傳遞給香港同胞，
同舟共濟，去共同創造香港更美好的明
天。

　　放眼未來，蔡冠深認爲，孫中山文
化的挖掘還大有可爲。他建議，可在中

山市成立粵港澳大灣區孫中山文化交流中心，負責大灣區孫中山文化交流的聯絡協調，並延伸到大灣區相關的人文交流工作。同時以孫中山文化爲重要載體和媒介，配合「一帶一路」倡議，開展國內外的文化交流與合作。

著名香港史專家、香港嶺南大學榮譽教授劉蜀永：

　　香港在思想、組織、軍事和財政等方面對辛亥革命運動產生過全方位的影響。

面對西方圍攻奮起抗爭

　　對於風雲激蕩的歷史，國史教育中心行政總監邱國光認爲，香港社會的開放，給了年輕的孫中山吸收知識、學貫中西的良好社會空間，可以說，香港成就了一代偉人。

　　香港歷史學會會長、前香港大學中文及歷史系榮譽教授呂元驄表示，孫中山學貫中西，爲人極富人格魅力，但他最突出的是，對當時中國和世界形勢的清楚認識，「他看到滿清政府的腐朽不堪，西方列強的恃勢凌人，知道必須奮起抗爭，才能扭轉國人命運。而這也正是源自他在香港孕育的救國之志。」

愛國始於心 奉獻踐於行

祖籍中山的港區全國人大代表李君豪自幼便對孫中山的故事耳熟能詳，其中一個故事令他印象十分深刻：「當年日軍侵華，四

▲歷經百餘年，孫中山故居依舊屹立不倒

處燒殺擄掠，但來到孫中山故居時，卻沒有損壞一物，只是鞠了個躬就走了。後來國共發生內戰，但無論是哪個黨派，來到故居時，都是十分恭敬。」他說，孫中山不僅贏得國共兩黨的高度認同，就連外國侵略者亦對之抱有敬意，可見孫中山的影響力之大。

在李君豪眼中，當年孫中山以一腔愛國情懷領導辛亥革命，令國家出現巨大變化。當前中國面臨着外國反華勢力的圍堵，國際形勢十分複雜，同樣需要國人以無比的愛國熱情，支持國家，共渡難關。李君豪認為，要渡過這一難關，需要全球華人的團結，處理事情須以大局為重，他呼籲本港反對派放下成見，以孫中山大公無私的精神助力香港，重返發展經濟的正軌，為國家發展作出貢獻。

組織師生走近歷史　深入了解偉人精神

福建中學（小西灣）助理校長李偉雄是孫中山紀念館的導賞員之一。每年該校都會安排中一、中四生到紀念館參觀，了解孫中山如何由一名醫科學生，不怕困難

▲小學生在參觀孫中山紀念館

起義，成為矢志救國的革命家的歷程。

他說，孫中山是在香港求學，在香港大學演講時也表明革命思想從香港而來，這均顯示了香港與他關係密切，帶領學生到紀念館，有助認識孫中山在香港的足跡，藉此加深學生對其及中國歷史的認識。

仁濟醫院蔡衍濤小學亦有安排學生參觀孫中山紀念館，負責老師陳迪雯表示，為配合小五的「認識祖國」單元，除了課堂介紹外，學校亦會安排學生到孫中山紀念館參觀，希望以此加深學生對孫中山的事跡及思想的理解。校方早前更帶領學生走出香港，前往東莞進行有關孫中山足跡的歷史考察。

「四大寇」針砭時弊　密謀推翻清政府

上環歌賦街，與孫中山走上革命道路有着不解之緣。孫中山曾在歌賦街 44 號的中央書院（皇仁書院的前身）求學，學生時代的他，結識了志同道合的摯友楊鶴齡、尤列、陳少白。滿清政府統治下屈辱求和

▲ 1923 年 2 月 20 日孫中山在香港大學與師生合影

的社會現實深深刺痛着 4 位青年的心，他們常在歌賦街 8 號的楊耀記聚會針砭時弊，共訴一腔愛國熱情，更秘密謀劃推翻清政府、創立新國家，一時間被冠以「四大寇」的名號。

1895 年，廣州起義失敗後，孫中山、陳少白被迫逃亡海外，尤列也走避西貢各地，在南洋群島創中和堂。楊鶴齡則潛伏於港澳，混入煙館商場之中，秘密活動，宣傳革命。1921 年 9 月，孫中山在廣州任非常大總統，聘請楊鶴齡爲總統府顧問，每月饋其 500 元作爲養老金。他亦將越秀山南麓文瀾閣修葺一新，邀請楊鶴齡、陳少白、尤列居住。

如今的楊耀記，已經成爲香港「孫中山史跡徑」的重要節點，吸引了無數有志青年慕名前往，在這座見證中國近代革命脈絡的歷史古蹟前，重溫崢嶸革命歲月，感受百年前的革命熱情。

孫中山香港活動軌跡

皇仁書院(1897)

中學教育：
1883 年 11 月 –1886 年夏
　　17 歲的孫中山，剛從生活了 5 年的檀香山回到家鄉，接着便到香港求學

習醫時代：
1887 年 –1892 年 7 月
　　1887 年孫中山在雅麗氏醫院附設的西醫書院接受醫學訓練，1892 年 7 月以全校之冠的優秀成績畢業

投身革命：
1895 年 1 月以後
　　孫中山由檀香山回到香港，集過去志趣相投的朋友及輔仁文社成員籌建革命組織，其後往來於香港和廣州之間，策劃廣州起義

第二章

探索：孫中山文化踐行之路

孫中山文化：一個重要的國家命題

丘樹宏

作爲偉人孫中山故鄉的中山市，改革開放 30 年來的發展變化可謂滄海桑田、翻天覆地。

從工業立市、經濟强市，中山市近年來進入了更高的發展階段，提出了建設文化名城的發展戰略，率先提出了「孫中山文化」這一概念，並將「孫中山文化」工程放在八大文化工程的第一位，以圖通過紀念、研究、傳承和資源開發利用來爲現實服務。比如將在孫中山誕辰日舉行的簡單紀念儀式，擴展爲融紀念、文化、旅遊爲一體的「孫中山文化周」，牽頭創立二十世紀三大偉人故鄉聯盟，等等。中山市對孫中山的研究領域不斷拓展，特別是相關歷史文化資源的開發利用視角不斷創新，力度不斷加强，影響日益擴大，從而作出了有益而富有成效的探索。

孫中山在中國的歷史地位和歷史作用是不言而喻的。我們一直非常崇敬孫中山先生，一直十分重視對孫中山的紀念及其學術研究，並把他與毛澤東、鄧小平一起稱爲二十世紀三大偉人。但是，由於各種原因，我們對於孫中山，似乎一直始終處於一種説不盡道不完的「尷尬」狀態。在政治層面，我們一直奉行的是一種「例行規矩」，也就是在他的誕辰日——每年的 11 月 12 日，舉行一種簡單的祭拜，或配合舉行一些學術活動；在學術方面，一直徘徊往復，在深化和拓展方面缺乏突破和創新，還出現許多誤區，走了不

少彎路，甚至還在繼續走彎路，對孫中山思想的現實意義更是研究不夠。而在孫中山的資源開發利用，如文化產品生產、產業開發利用等方面，則與其他相類的政治性名人有著巨大的差距。

今天，確實該重新審視一下我們對孫中山的研究傳承和資源開發利用這一重大課題了。

其實，孫中山既是一個政治符號，也是一個精神符號、文化符號，孫中山既為我們留下了重要的政治遺產，也為我們留下了寶貴的精神遺產和文化遺產。為此，「孫中山文化」這個嶄新的概念才應運而生。

「孫中山文化」究竟是什麼？它應該包括孫中山的政治思想與理論體系、經濟思想與社會主張、軍事思想與戰略戰術，以及以上三個方面所蘊含的文化元素，更包括孫中山的文化思想、文化成果和人文遺產。

「孫中山文化」的特質是，它是中國近代文化的靈魂，既領導和印證了近代中國甚至世界的文明進程，還將繼續印證和引領當代中國和世界的文明走向。前者是它的歷史意義，後者是它的現實意義，具有厚重的普世價值。可見，孫中山的思想、精神以及形成的人文資源，對於我們走中國特色社會主義道路、踐行科學發展觀，以及建設中華民族的共有精神家園，建設和諧社會，都具有極其重要的現實意義。

如此看來，「孫中山文化」概念的提出，其可貴之處是，走出了原有的紀念、研究的各種局限，一定程度上跳出了純政治的框

框，回到了其應有的人文本原，更豐富了内涵，擴展了外延，是一種極具價值的深化和提升。它的提出，將積極推動我們走出一直以來將孫中山純政治符號化的僵化認識和誤區，進而從人文和「大文化」的角度活化對孫中山資源的開發利用，轉而從政治紀念、學術研究、文藝創作、產業利用等方面全方位地開展工作。

「孫中山文化」概念是中山市提出來的，但僅僅由中山市來做則遠遠不夠，因爲孫中山既是中山市的，更是廣東省的、整個中國的，甚至是全世界的。中國影響世界並受到廣泛公認的偉大人物並不多，而孫中山是其中最重要的一個。

從這個意義上講，「孫中山文化」不僅是中山市的命題，也是廣東省命題，是國家命題，甚至可以說是世界性命題。

當前，廣東省正在建設文化强省。廣東是中國近代史的發源地，廣東的核心文化是近代文化，包括近三十多年的改革開放，一直也是與近代文化精神一脈相承的，而近代文化的靈魂是孫中山文化。因此，將孫中山文化列入廣東省的文化項目是天經地義的事情。在國家層面，中國正處於近 30 年來實施「文化復興」的最好時期，提高文化軟實力十分急迫；兩岸關係正面臨一個嶄新的歷史時期；從「經濟崛起」走向「文化崛起」的中國，需要用文化與世界架起溝通的橋樑，樹立嶄新的形象。所有這些，「孫中山文化」都爲我們提供了一種重要的可能和途徑，也就是説，「孫中山文化」是我們可資利用的一個重要、特殊而無可替代的文化品牌和資源。

已經到來的 2011 年，是辛亥革命 100 周年，這又是一個千載難逢的歷史性機遇。看來，我們確實是到了將「孫中山文化」提升至國家命題、國家行爲的時候了。

（《光明日報》2011 年 02 月 16 日 14 版）

「國家命題」是怎樣煉成的

丘樹宏

2019 年 2 月 18 日，中央和國務院發佈《粵港澳大灣區規劃綱要》，規劃綱要提出要「共建人文灣區」，其中一個重要內容是「支持中山深度挖掘和弘揚孫中山文化資源」。以此爲標誌，「孫中山文化」正式列入「國家命題」。

「孫中山文化」是 2008 年在中山市提出的。時間過得真快，一晃就是十年了。

2007 年初，筆者擔任中山市委宣傳部長，按照市委的要求，嘗試提出「孫中山文化」這一概念，並開始起草創建國家歷史文化名城的方案。2008 年 1 月，中山市委、市政府頒布一號文件《關於加快推進文化名城建設的意見》，核心內容是兩個，一個是三年內成功創建國家歷史文化名城，另一個是建設八大文化工程。而八大文化工程之首，就是孫中山文化工程。

爲什麼要提出孫中山文化這一概念？當時主要是注意到紀念孫中山先生主要在兩個方面：第一是每年的孫中山先生誕辰和逝世紀念活動；第二是學術研究。對於孫中山這樣的世紀偉人，這樣做是遠遠不夠的，而且有很大的局限性，如果提出孫中山文化的概念，則有可能解決以上的問題。

那麼，什麼是孫中山文化呢？孫中山文化包含三個層面：一是孫中山的思想、主義、理論和精神；二是背後的文化元素；三是孫

中山先生個人的文化成就。

無庸諱言，當初提出孫中山文化這個概念時，在行政層面和學術界是有不同的看法，這部分人主要是認爲用文化概念，是否把孫中山做小了。

對於任何一個新鮮事物，有不同看法甚至是反對意見，都是十分正常的。其實，以孫中山文化這個概念來做，非但沒有做小，反而做大了，因爲文化的內涵和外延，比思想、主義和精神更廣更深，用文化的名義，也會走得更遠更長久。

對於不同看法，我們沒有去作更多的解釋，更沒有爭論，而是沉下心來、低下身段來做實實在在的事情。

2011 年是辛亥革命一百周年，中山市策劃組織了百個項目，包括紀念活動、文藝表演、建設孫中山史跡徑等，通過各項活動和項目，大大促進了中山市的經濟社會發展和城市建設，同時孫中山文化也開始發揮重要的作用。在此期間，中山市還積極主動爭取國家和省級層面的重視和支持，2010 年的省政府工作報告明確提出要「弘揚孫中山文化」。以此爲標誌，孫中山文化正式上升爲廣東省的命題。

2016 年 11 月 12 日是孫中山先生誕辰一百五十周年，我們又藉此重要的歷史機遇，策劃多項紀念活動、文化項目、實體建設、民生工程，通過一系列的活動和項目，中山市獲得了一次大跨越、大發展，而孫中山先生的影響力也獲得了一次高遠的提升。

粵港澳大灣區戰略公佈後，中山市一直堅持向國家和廣東省提

交同類主題的報告，希望吸收進大灣區的規劃中，收到了極好的效果，孫中山文化一步一步向國家命題靠近。説到這裏，我們其實可以給孫中山文化一個通俗易懂的定義：全社會都來關心、都來做與孫中山有關的事情，這就是孫中山文化。任何一個新論點、新論題的形成，都會有一個逐步推進的過程。2014 年 9 月 24 日，習近平總書記在紀念孔子誕辰 2565 周年大會上的講話中延續了毛主席「從孔夫子到孫中山」的説法：「在帶領中國人民進行革命、建設、改革的長期歷史實踐中，中國共產黨人始終是中國優秀傳統文化的忠實繼承者和弘揚者，從孔夫子到孫中山，我們都注意汲取其中積極的養分。」

這樣的表述是簡單的巧合嗎？肯定不是的。孔子和孫中山是中華民族優秀傳統文化兩個最重要的標誌性代表，一個是古代的代表，一個是現當代的代表。孫中山是一個政治偉人，他同時又是一個文化偉人，這兩者加在一起才是完全意義的孫中山。如此可見，孫中山文化這一提法是完全站得住腳的，是對孫中山紀念和研究和資源發掘利用的重要補缺，是對中華傳統文化一個重要的貢獻。

歷史往往就是有如此多的機緣巧合。在中央和國務院發布的《粵港澳大灣區規劃綱要》中，共建人文灣區成爲重要的戰略目標之一，其中明確指出要支持中山深度弘揚孫中山文化資源。

十年磨一劍，孫中山文化這一國家命題就是這樣煉成的。然而，這僅僅只是一個開始，我們未來的路還很長、很遠……因爲，孫中山文化，不僅僅是中國的命題，還是人類命題、世界命題。

（《大公報》2019 年 2 月 21 日）

從「孔夫子到孫中山」

——孫中山的文化維度

丘樹宏

黨的十九大報告中強調，深入挖掘中華優秀傳統文化蘊含的思想觀念、人文精神、道德規範，結合時代要求繼承創新，讓中華文化展現出永久魅力和時代風采。孔子文化和孫中山文化，都是中華優秀傳統文化重要的內容，對其挖掘研究可以增強中華優秀傳統文化的凝聚力、影響力、創造力，進一步增強文化自覺和文化自信。孔子文化工程發展已經有了令人欣喜的開始，2007 年孫中山家鄉中山市就首倡「孫中山文化」概念，在文化名城建設戰略中全面實施「孫中山文化工程」，但孫中山文化卻還未能進入國家的制度化安排，挖掘研究利用還是不夠。因此，高度重視孫中山文化，有利於推動我們從人文和「大文化」的角度活化對孫中山資源的開發利用。

2016 年 11 月 11 日，習近平總書記在孫中山先生誕辰 150 周年紀念大會上的講話中指出：「孫中山先生是偉大的民族英雄、偉大的愛國主義者、中國民主革命的偉大先驅，一生以革命為己任，立志救國救民，為中華民族作出了彪炳史冊的貢獻。」

用「三個偉大」評價孫中山先生，由此可見孫中山先生的崇高地位。「三個偉大」其實也是延續著從毛澤東開始，到鄧小平、江澤民、胡錦濤等領導人代表中國共產黨對孫中山的高度評價，包括

黨的十五大第一次用了「二十世紀的三大偉人孫中山、毛澤東和鄧小平」這樣的表述。

以上這些，主要都是從政治的角度來評價孫中山的，社會各界都理解和領會得很清楚、很透徹。

然而，毛澤東和習近平也都從歷史文化的角度談到了孫中山先生。1938 年 10 月在中共六屆六中全會上，毛澤東向全黨提出研究理論、研究歷史和研究現狀的任務時的講話中指出「從孔夫子到孫中山，我們應當給以總結，繼承這份珍貴的遺產。」

2014 年 9 月 24 日，習近平總書記出席紀念孔子誕辰 2565 周年國際學術研討會暨國際儒學聯合會第五屆會員大會，他在開幕會上的講話中指出，「中國共産黨人始終是中國優秀傳統文化的忠實繼承者和弘揚者，從孔夫子到孫中山，我們都注意汲取其中積極的養分。」

李維武在《從孔夫子到孫中山：我們應當如何繼承？》一文中提出，「從孔夫子到孫中山」，孔子所代表的是中國文化和中國思想的古代傳統，孫中山則是中國文化和中國思想現代傳統的代表；繼承「從孔夫子到孫中山」，也應該包括總結和繼承中國文化和中國思想的古代傳統和現代傳統。這些觀點給我很大啓發。我理解，這裡所説的「從孔夫子到孫中山」中的「孫中山」，還兼具兩層含義：一個是指偉大的民族英雄、偉大的愛國主義者、中國民主革命的偉大先驅孫中山，這是政治文化的層面；另一個是指孫中山所代表的中國文化和中國思想的新傳統，這是歷史文化的層面。

可以說，有政治上的評價，加上文化上的評價，才是對孫中山的全面評價，我們才能真正看到和了解一個完全意義上的孫中山，但各界卻重視和研究得很不夠。

「孔夫子」與「孫中山」，實際上包含了中國文化與中國思想新舊兩種傳統。毛澤東和習近平在談到繼承中國文化和中國思想的傳統時，都強調要總結和傳承「從孔夫子到孫中山」的「珍貴的遺產」，「汲取其中積極的養分」。「從孔夫子到孫中山」中的「孫中山」，從第一層含義中又昇華出第二層含義，即他既是中華傳統文明的現代繼承者，又是中國文化和中國思想的現代傳統代表者。從這個角度上講，孫中山凸顯出其特殊性和重要性。

「孔夫子」與「孫中山」雖然內涵和外延都有不同，但其間存有歷史的必然聯繫，有一脈相承的經絡。這種歷史的聯繫，這種一脈相承的東西，就是中華傳統文化古往今來的延續與發展。在這個延續與發展中，有變化，有改進，還有對傳統的革新。「從孔夫子到孫中山」，兩段歷史、兩個偉人、兩種文化，生動而全面地體現了這一歷史的經脈聯繫。這種聯繫雖然由於時代的不同、階段的區別，而塗上了不一樣的色彩，卻又是始終有機而緊密地聯繫在一起的。它是一個不可分割的血肉與靈魂完美融合的一個整體。

「從孔夫子到孫中山」，包括了中國文化和中國思想的古代傳統和現代傳統兩個方面，因此，發掘、傳承「從孔夫子到孫中山」，也應當包括總結和傳承中國文化和中國思想的古代傳統和現代傳統。只強調繼承中國文化和中國思想的古代傳統，而不顧及繼承中

國文化和中國思想的現代傳統，不發掘兩者之間的內在淵源，弘揚其作爲以一個整體呈現的中國文明，那都是片面的、不科學的。

還必須指出的是，「從孔夫子到孫中山」，雖然表述的是兩個時代、兩段歷史、兩位偉人，然而兩個人所代表的文化非但絕不是各自獨立的，反而是一個不可分割的血肉與靈魂完美融合的一個整體。它們一脈相承、前後連貫、互爲彰顯。因爲孫中山也有著極爲豐富的中華傳統文化的底色和蘊含，在這個優秀傳統的基礎上，孫中山生發了一種順應歷史潮流和世界潮流的現代文化，從而使兩者神奇融合，構成了博大精深、源遠流長、生生不息的偉大的中華文明。

「從孔夫子到孫中山」的論述，首先從文化的維度補充和完善了孫中山的形象及其作用，或者說是從更高的層面提升了孫中山的重要地位，這樣也就爲如何進一步研究孫中山，更好地發掘、傳承和弘揚孫中山的思想和精神，更好地利用孫中山及其思想、精神爲現實和未來服務，打開了一個新的視窗，提供了一條新的途徑，開闢了一片新的天地。

孫中山既是一個政治符號，也是一個精神符號、文化符號，孫中山既爲我們留下了重要的政治遺產，也爲我們留下了寶貴的精神遺產和文化遺產。爲此，「孫中山文化」這個嶄新的概念才應運而生。「孫中山文化」應該包括孫中山的政治思想與理論體系、經濟思想與社會主張、軍事思想與戰略戰術，以及以上三個方面所蘊含的文化元素，更包括孫中山的文化思想、文化成果和人文遺產。「孫

中山文化」具有厚重的世界性、人類性價值。值得特別指出的是，「孫中山文化」與社會主義核心價值觀也是高度一致的。

　　「孫中山文化」概念的提出，其可貴之處是，走出了原有的紀念、研究的各種局限，一定程度上跳出了純政治的框框，回到了其應有的人文本原，更豐富了內涵、擴展了外延，是一種極具價值的深化和提升。它的提出，將積極推動我們走出一直以來將孫中山純政治符號化的僵化認識和誤區，進而從人文和「大文化」的角度活化對孫中山資源的開發利用，轉而從政治紀念、學術研究、文藝創作、產業利用等方面全方位地開展工作。「孫中山文化」，是對「從孔夫子到孫中山」最好的詮釋和行動。經過十年的努力，中山市在「孫中山文化」建設上做出了積極而富有成效的探索，積累了不少經驗。然而，「孫中山文化」僅僅由中山市做是遠遠不夠的，因爲孫中山文化不僅是中山市的命題，也是廣東省的命題，還是國家與民族的命題，甚至是世界性命題。

　　我們堅信，隨著時間和歷史的變遷，「孫中山文化」將爲中華優秀文化的傳承和發展，爲國家和民族的完全統一，爲實現中華民族偉大復興的「中國夢」，提供源源不斷强大的動力。

（《中國政協》2017 年第 23 期）

孫中山文化的時代價值有待拓展

杜擂升

孫中山作爲二十世紀站在時代前列的偉大人物，長期以來，在中國近代史和近代人物的研究中，孫中山研究始終處於最具特色和成果豐碩的領域之一。隨著孫中山研究領域的不斷拓展和深化，孫中山的思想與實踐許多方面研究都表現得更加系統和深入。但從拓展孫中山文化研究領域與時代結合的實踐出發，以地域和現代化視野，用未來和發展的眼光全面考察孫中山的歷史地位和現實作用與文化價值的運用與推廣方面，孫中山研究依然存在發展與超越的巨大空間，尤其在孫中山文化研究中所涵蓋的政治遺産、精神遺産和文化遺産的學術和當代價值等方面的拓展上仍然有待突破和創新。用孫中山文化濃厚的文化氛圍集合文化資源增添地域文化特色，並在新起點上拓展孫中山文化的時代價值便成爲我們需要面對的新課題。對此，本文圍繞中山文化資源的開發與利用，就拓展孫中山文化及其孫中山研究的時代價值提出見解。

一、以地域和現代化視野提升孫中山文化價值

1866 年，中國民主革命的偉大先驅孫中山出生在廣東香山縣翠亨村，至 1925 年，孫中山逝世，爲紀念從翠亨走向世界的偉人孫中山，香山更名爲中山。百餘年來，對堪稱世界級的一代偉人孫

中山研究一直是海內外學界和社會廣泛關注的熱點。同時，吸取和運用孫中山文化資源也一直以來受到廣泛重視，尤其在孫中山的家鄉，以敢爲天下先的精神開風氣之先的廣東，中山這個璀璨的名字與孫中山的偉大精神和高尚人格緊密相聯，使富有地域特徵的開放文化始終趕在時代步伐的前面。

在那個時代，孫中山念念不忘的就是中國的近代化，他曾樂觀地説，對於中國的近代化，實行開放主義「不但對中國人、而且對全世界都有好處」。因爲中國的新生「不但在我們的美麗的國家將會出現新紀元的曙光，整個人類也將得以共用更爲光明的前景」。孫中山的遠大眼光與鮮明的改革意識，表現出的改革開放精神，始終閃耀著孫中山近代化視野的改革開放思想熠熠光彩。所以，作爲三民主義思想體系中的一部分，孫中山對外開放思想以及他對中國文化的遠見卓識和科學論斷，不僅處於十九至二十世紀的時代高峰，而且對今天的時代也是智慧的啓迪，無可替代地成爲中山文化建設最寶貴的歷史財富。

追尋孫中山足跡，立足孫中山文化濃厚的文化氛圍集合廣東地域文化資源，實現孫中山文化與地域文化的深度融合，在更好地展現其歷史、現實及昭示未來的價值的同時，以現代化視野擴展偉人故里的文化影響力，使孫中山精神在建設中國特色社會主義和依法治國的今天煥發出更新的光彩。

在孫中山研究方面，應重新審視研究制度和研究模式，擺脱以往紀念史學的傳統模式，推動完善孫中山學術研究的頂層制度設

計，將孫中山的思想與實踐放到多學科整合的視野中去，與時代要求和歷史使命及現實問題緊密結合。並在著重研究和宣傳孫中山，秉承和弘揚孫中山先生的文化品質及其偉大精神的同時，推動學術成果大眾化，促進成果普及。唯此，才能使孫中山文化研究工作落到實處，才能創新推廣運用成果。另外，在孫中山文化整合運用方面，應從統籌、協調和規劃孫中山研究與孫中山歷史文化資源的開發利用出發，在以獨特歷史語境和歷史情懷，深刻解讀作為中國近代文化靈魂的孫中山崇高革命精神和高尚的人格魅力的同時，把孫中山文化研究推向新的階段，達到新的高度。以建設全球華僑華人共同精神家園為方向，依託偉人故里豐富的人文遺產和文化元素，著重提高孫中山文化的當代功能，使近代文化、開放文化以及獨具特色的中山裝文化和現代城市文化融於其中，全面實施孫中山文化工程。

二、以開放和聯繫的觀點擴大研究的時間跨度

孫中山作為二十世紀三大偉人之一，他的事業和思想有著極其豐富的內容。作為中國社會和革命發展的一個時代的代表，孫中山的政治生涯貫穿了中國民主革命的兩個時期，聯繫著中國近代史的整個過程。他堅持三十年捍衛共和的鬥爭，晚年與時俱進提出三大政策，他所生活的時代無論在中國還是在世界都發生了翻天覆地的變化。

孫中山始終是中國的，更是世界的。他的活動涉及了各個社會領域，有著廣闊的研究領域，有著衆多的課題等待進一步深入的探究，尤其是孫中山文化的研究和實踐推廣。所以，研究孫中山應更加緊密地把他放在整個歷史長河中考察，不僅要把他放在中國近代史上，更要把他放在更爲廣闊的世界歷史海洋中，進一步研究孫中山與他相關的社會思潮和運動。比如，孫中山與傳統文化和西方文化，孫中山與社會改良主義和無政府主義等。另外，孫中山曾在亞洲及南洋和歐美等地都留下了足跡，與不同國家許多人士打過交道，經歷過無數次大大小小歷史事件。若從縱深的歷史發展軌跡裡研究孫中山，不僅要把他置身於當時中國與世界的特定歷史背景中，而且還要把他納入當時的社會歷史範圍並放在恰當的整體位置之上。

　　同時我們還要看到，孫中山研究具有著持久普遍的社會意義。比如，孫中山明確提出國家權力屬於人民，確認人民爲本位的思想。在就任臨時大總統時稱自己爲人民公僕，這對於中國階級社會以來的官場政治著實是一大革命。再如，孫中山在革命實踐中，他所體認到的只有改變政治體制才能解決國家富強、人民富裕和實現民族復興等內容所顯示的深刻和豐厚的內涵。所以，從圍繞孫中山對中國社會歷史發展所起的作用來展開，結合他生前死後的中國和世界歷史及其思想的預見性，把孫中山研究與社會整體發展聯繫起來。打破封閉式，吸取海內外學者的研究成果。採取開放式，擴大研究的時間跨度。在從政治視角去追尋的同時，用聯繫的觀點探索

孫中山的思想和實踐與歷史及現實的關係，並作爲整體進行全方位的考察和大視角的審視，研究他的思想對推動歷史發展的作用包括對未來作用和啓示。

同時，發揮好史學研究關注現實，參與歷史的社會功能，在重新整合孫中山的思想和實踐的基礎上，開拓新的孫中山研究領域，並在時間跨度上，從拓展孫中山研究的領域和空間，豐富孫中山研究的内容出發，促進研究方式、研究路徑的轉變，將會爲孫中山文化研究與應用注入更爲新的生機和無限的活力。

三、以更爲廣闊的背景來擴展研究的空間向度

孫中山爲中國民主革命建立了偉大的歷史功勳，奉獻了偉大的思想理論和實踐，他崇高的精神不僅豐富了中華民族幾千年來形成的優秀的民族文化傳統，而且爲近代以來中國思想文化寶庫提供了重要財富。作爲孫中山精神遺産的精髓「振興中華」口號，自始至終實踐和體現、豐富和發展著偉大的中華民族精神。所以，從空間向度上，研究孫中山一生對偉大民族精神的光輝實踐，與他所領導的推翻帝制、建立共和的歷史功績一起，在敬仰和稱頌的之間，整合孫中山實踐偉大民族精神的豐富資源，激勵全體中華兒女爲實現中華民族偉大復興而努力奮鬥有著十分獨特的意義。

中國夢，是一個使中國擺脱困境，實現中華民族獨立、民主和富强的夢。今天，當我們共同爲民族復興「中國夢」而奮勇前行的

時候，應當記住，一百年來，一代又一代的中華兒女在爭取民族獨立和走向現代化過程中，爲中華民族的復興而奮鬥的歷史。從辛亥革命到「中國夢」，把「中國夢」與孫中山文化研究結合起來，在分析、闡釋「中國夢」的形成、內涵及意義的同時，對於孫中山給中華民族和中國人民留下的許多寶貴的精神文化遺產，尤其是他的愛國愛民思想、愈挫愈奮的進取精神、與時俱進的創新精神、天下爲公的博愛思想，應當首先堅持馬克思歷史唯物主義爲指導，著眼於理論、方法論的進一步完善，採取改革與開放的態度，吸取新的理論、方法論等積極因素，在苛求或溢美之間，避免僵化和簡單化，在空間向度上將孫中山思想置於更爲廣闊的背景下進行論述，多視野多角度地研究孫中山。

與此同時，我們還要看到，作爲中國近代文化發展方向的引領者和中國近代文化創新的行動者，孫中山的思想和實踐獲得了更爲廣泛的認同，關乎不同社會制度及發展層次的國家和地區，涵蓋海峽兩岸，是中華文化走向現代文明和全球華人當之無愧的精神文化紐帶和振興中華、祖國統一的旗幟。對促進中華文化走向世界和構建全球華人共有精神家園，推動兩岸關係和平發展都具有深遠的歷史意義和重大的現實意義。所以，研究孫中山，整合他把傳統文化的基本原理與新時代的需求靈活綜合的智慧資源，將爲更加理性和成熟的未來孫中山文化研究提供更好的方向。

四、以大文化觀念拓展孫中山研究的文化緯度

孫中山所領導的革命運動發生在十九世紀末二十世紀初的中西文化大碰撞時代，面對西方文化傳播與中國傳統文化發生交匯碰撞，孫中山作爲革命家，在爭取民族獨立和向近代化過渡的社會轉型過程中，孫中山以世界眼光和創新精神，集合中外文化精華，成就了承前啓後的孫中山文化的發展。

孫中山對於文化取向的實際運作和理性思考，對發展中國文化的遠見卓識和科學論斷，不僅處於他那個時代的高峰，而且對今天乃至未來也將產生更爲深遠的智慧和啓迪。尤其是他「兼收眾長，益以創新」文化開放思想，具有同時代人無可比擬的科學性、創造性和超前性。從他的著作中，我們可以清晰地看到孫中山關於文化問題的精闢言論，主要包括對中國文化的歷史評價，對中西文化的比較研究以及融會中西、走文化創新道路等文化建設主張。

孫中山在文化方面作出的傑出貢獻，對建設中國特色社會主義文化大發展、大繁榮具有十分重要的意義。毛主席說過，從孔夫子到孫中山，我們應該給以總結，繼承這份珍貴的遺產。這在很大程度上是從文化的視角來評價的。所以，從當代意義上來追溯和審視孫中山文化觀的形成、發展和融會創新，在不斷提升孫中山文化的時代價值的同時，應注重把孫中山文化與時代精神結合起來，研究孫中山全球思想文化交流交融交鋒呈現新特點包括他隨著歷史前進的步伐，不斷豐富內容的意志。

我們可以看到，具備了文化屬性的孫中山將通過文化的對話、借鑒、交融和再生對未來發生啓迪作用。文化共性的孫中山賦予了可以影響、融合、衍生其他文化的借鑒價值，這對我們構建主流文化、引領多樣文化，建設核心文化、增強文化軟實力的提升以及建立社會主義先進文化、參與國際文化的平等競爭都具有極其重要的現實意義。在當前的時代背景下和當代複雜的文化生態下，對於文化軟實力的提升，表現在增強社會主義核心價值觀的凝聚力，推動人民群衆對社會主義先進文化的認同。如何讓社會主義先進文化真正成爲廣大群衆共同的精神家園，從而推動文化大發展大繁榮，建設文化強國，最重要核心問題就是處理好馬克思主義和中國傳統文化的關係。

　　所以，從宏觀面上完善以當代中國馬克思主義爲主導進行文化選擇、文化整合和文化建構，以更加理性和成熟的剔除全球化背景下多元文化思潮所帶來的模糊化、碎片化和相對化，孫中山研究有很多可吸取的營養。所以，展望孫中山文化研究的未來，可以肯定，孫中山的思想和人格作爲人類文明的歷史文化遺産將會發揮更大的作用。

　　總體來講，承前啓後，融會貫通地拓展孫中山研究時代價值，用世界眼光和富有的創新精神，從當代意義上，追溯和審視孫中山，傳承孫中山海納百川的文化心態，多元多重的綜合思維，趨利避害的價值尺度和博大精深的孫中山的思想和實踐其意義是永恒的。實踐證明，這對建設中國特色社會主義偉大事業、實現中華民

族偉大復興和共圓「中國夢」具有深遠的歷史意義和重大的現實意義。

在極具價值的孫中山研究成果的拓展、深化和提升方面，以地域和現代化視野提升孫中山文化價值，以開放和聯繫的觀點擴大研究的時間跨度，以更爲廣闊的背景來擴展研究的空間向度，以大文化觀念拓展孫中山研究的文化緯度，對探討研究孫中山全球思想文化所呈現出的新特點新途徑，尤其在孫中山文化的開發與運用方面，辨析其脈線是值得探究的路徑和課題。

（《同舟共進》2015 年第一期）

以孫中山家鄉的名義

丘樹宏

2015 年 11 月 7 日，中共中央總書記、國家主席習近平同台灣方面領導人馬英九在新加坡會面，就進一步推進兩岸關係和平發展交換意見。這是 1949 年以來兩岸領導人的首次會面。11 月 8 日，全國政協第一次提前一年發佈決定，2016 年要隆重紀念孫中山先生誕辰 150 周年，「決定」以「三個偉大」評價孫中山「是偉大的民族英雄、偉大的愛國主義者、中國民主革命的偉大先驅」。

2016 年 11 月 11 日，在北京舉行了紀念孫中山先生誕辰 150 周年大會，由俞正聲同志主持，習近平同志發表了重要講話。全國各地、台港澳地區，以及全球華僑華人組織，今年以來，尤其是在這一段時間，舉行了豐富多彩、各具特色的紀念活動。

作為孫中山先生的家鄉，中山市又是怎樣紀念這一位老鄉的呢？

以孫中山家鄉的名義，中山市確定了指導思想和原則：「緬懷孫中山，共築中國夢」；「發展是最好的紀念，創新是最好的繼承」。

以孫中山家鄉的名義，中山市提出了「六、十、六、十」的系列活動安排，包括六大紀念活動、十大文化活動、六大建設項目、十大民生項目。

紀念活動包括孫中山思想國際研討會、海峽兩岸中山論壇，還有全市各界紀念大會，其中還穿插了眾多的子論壇，十分的熱鬧。

但中山人覺得，作爲孫中山的家鄉，僅僅安排紀念性活動是遠遠不夠的。

以孫中山家鄉的名義，中山市還安排了十大文化類的活動，比如貫穿全年的孫中山旅遊文化年，這是從前幾年的孫中山文化周、文化節而升級過來的。廣東省政協策劃創作了大型交響音詩《我們的孫中山》，主創者是孫中山的正宗老鄉、歌曲《彎彎的月亮》作者李海鷹；而辛亥革命百年紀念期間，中山市創作的大型交響組歌《孫中山》，則在前幾年海内外演出的基礎上，又開始了海外巡演，12月份還將赴台灣交流演出。10月份，中山市聯合各大媒體，策劃組織了「鐵路夢·中國夢——孫中山文化高鐵行」大型人文活動，沿著東線和北線，重溫和體會孫中山的建國方略和「振興中華」夢想。中山人認爲，以文化的形式來紀念孫中山，似乎更能接近孫中山的靈魂和生命。正因爲如此，2007年，中山市率先提出了「孫中山文化」的概念而予以孜孜不倦的推行，並建議「孫中山文化」上升爲國家命題。

然而中山人覺得做得還不夠。

以孫中山家鄉的名義，中山市規劃了六大建設項目。經過一年多的努力，中山人將翠亨村成功改造升級爲國家5A級旅遊景區，翠亨村以煥然一新的面貌展示在人們面前。通過十年的爭取，連接深圳和中山兩地的深中通道得到國務院批准，今年將正式動工。中山人以翠亨村爲原點，規劃了230平方公里的翠亨新區，目前已經進入全面建設。中山人還將鄉村發展放在重要位置，提出並全面推

進美麗鄉村建設。

中山人說，將偉人的家鄉建設得更加美麗，這才是對偉人最好的紀念。

即使如此，中山人依然覺得做得還不夠。

以孫中山家鄉的名義，中山市通過「市民點菜、政府配餐」，確定了 2016 年十大民生實事：飲水安全工程、放心食品工程、健康惠民工程、交通暢通工程、城鄉環境優化工程、關愛老人工程、關愛兒童工程、創業促就業工程、全民禁毒示範市創建工程、政務便民工程。其實，每年規劃實施十大民生工程，已經是中山市的常例性工作，更早已經是中山市融入血液的思想和文化。中山市能夠創造發展的奇跡，能夠走出自己的發展模式，老百姓的創業意識和與民營經濟的發展是一個最核心的要素。可以說，在中山市 1800 平方公里的天空上寫著「改革開放、市場經濟」八個大字，在它 1800 平方公里的土地上，則深深根植著孫中山的民生思想。孫中山在他有生之年沒有實現「振興中華」的目標，在中國共產黨的領導下，中山發生了滄海桑田、翻天覆地的變化，從而實現了他的「中國夢」。

紀念是形式，文化是靈魂，建設是目的，民生是核心，規劃的是「六、十、六、十」項目，其實全市上下卻有著 150 多個項目甚至更多的項目，通過這一個一個項目的實施，緬懷孫中山先生，繼承和弘揚他的偉大精神和文化，將他的家鄉建設得更加美麗富強，讓老百姓過上更加幸福美滿的日子，這就是孫中山家鄉對紀念孫中

山的理解和行動。

　　是的，以孫中山家鄉的名義！

（《人民日報海外版》2016 年 11 月 19 日第 11 版）

對外傳播「孫中山文化」的有益嘗試
——大型交響組歌《孫中山》全球巡演探析

謝力生　郭昉淩

2016 年是孫中山先生誕辰 150 周年。爲緬懷偉人孫中山先生，傳播和弘揚孫中山的思想、精神和文化，促進對外文化交流，中山市政協、廣東省音樂家協會在 2016 年 7 月到 12 月以孫中山文化爲載體開展了大型交響組歌《孫中山》巡演活動，分別在珠海、香港、台灣、馬來西亞等國家和地區公演，掀起了一股孫中山文化熱潮，爲增進兩岸同胞以及海內外全體中華兒女的團結，凝聚振興中華和實現民族偉大復興中國夢的共同力量，做出了積極探索，取得了良好的效果。

策劃初衷：凝聚華人華僑，開展對外交流

孫中山精神是凝聚中華民族感情、團結海外華僑華人的重要紐帶之一。作爲偉人故里，中山市在 2007 年率先提出了「孫中山文化」概念，積極挖掘弘揚孫中山文化資源，以孫中山文化爲載體，凝聚華人華僑，致力把中山市建設成海峽兩岸、海外華僑華人、國際交流的平台，建設成爲全球華僑華人共同的精神家園。

2011 年 7 月，時任中山市委常委、宣傳部部長的詩人丘樹宏創作的《孫中山———獻給偉大的辛亥革命 100 周年》組歌在《人

民日報》《南方日報》和海外報刊發表後受到廣泛好評，並得到了廣東省委宣傳部的高度重視，將其列為廣東省紀念辛亥革命 100 周年重點文藝項目，撥出專項資金，並組織廣東省內一流的作曲家進行譜曲，協調廣州交響樂團演奏、排練打造作品，以現代多媒體手段，融合音詩畫多種藝術形式，表現孫中山的思想、精神和文化。2011 年 11 月 8 日，《孫中山》在廣州成功首演。隨後，《孫中山》走向國內外舞台，先後在在廣州、中山、北京、吉隆坡演出，得到社會各界和海內外華僑華人的高度評價，成為宣傳孫中山文化、凝聚華人華僑、增進兩岸關係的有效載體。

為紀念孫中山先生誕辰 150 周年，中山市政協主席丘樹宏在 2016 年 1 月提出聯合有關方面開展《孫中山》海外巡演活動，讓孫中山精神和文化從廣東走向全國，從中國走向世界。該設想得到中山市委、市政府主要領導的高度重視，並正式列入中山市 2016 年紀念孫中山誕辰 150 周年系列活動之一，《孫中山》全球巡演由此擔當起廣東省文化「走出去」戰略重任。

從 2016 年 7 月 30 日起，《孫中山》展開海外巡演。9 月 16 日晚，由香港蔡冠深基金會與中山市政協共同呈獻的紀念孫中山先生誕辰 150 周年暨國慶音樂會，在香港文化中心音樂廳舉行。這是《孫中山》首度走進香港並和《黃河大合唱》同場演出，好評如潮。全國政協科教文衛體委員會副主任、新華集團主席、中山鄉親蔡冠深博士表示，中山先生不但是革命家，也是現代化建設理論的探索者和實踐者，《孫中山》通過交響組歌的形式來表現孫中山思想、文化、

建國方略等，觀眾可以聽音樂，又可以看表演，讓孫中山先生的思想更加容易被年輕人接受，這種創意新穎獨特。

「華僑是革命之母」。馬來西亞是支持孫中山革命、籌款最有代表性的地方之一。繼 2012 年 8 月在吉隆坡首演之後，2016 年 11 月 20 日《孫中山》全球巡演第二次在吉隆坡上演，爲馬來西亞人民和廣大華人華僑再次獻上文化厚禮。馬來西亞各界近 2000 名觀眾感受了這一藝術巨製的魅力，台上台下互相呼應，精彩的演出受到了當地華人華僑的熱烈歡迎。

12 月 18 日晚，在台北孫中山紀念館，近 2000 名台灣觀眾觀看了《孫中山》的精彩演出，掌聲與歡呼聲不時響起。此次赴台北演出最大的亮點是參與演出的台灣藝術團體都是大學、中學和小學的學生，他們都表示通過演出對偉人孫中山先生有了更深刻更生動的認識，心靈得到了一次昇華和洗禮。海基會原董事長、時任三三會會長江丙坤先生對演出給予高度評價，認爲兩岸聯接最重要的還是文化，孫中山先生的思想、文化和學說是兩岸的共有資產，也是兩岸聯接的重要平台，孫中山的理想「天下爲公」「兩岸和平」是今後兩岸繼續共同追求的目標。

傳播效果：用「中山聲音」講好「中國故事」

孫中山在海外華人華僑中的認同度很高，也是兩岸共同尊崇的偉人。以孫中山文化爲載體進行對外宣傳，有助於走出一直以來將

孫中山純政治符號化的局限，回到了其應有的人文本原。這有利於促進兩岸關係的進一步發展，建設中華民族的共有精神家園。《孫中山》每一次登台都引發了中國觀眾和華人華僑的情感共鳴，是不同膚色觀眾對中國文化的欣賞和認同，體現了孫中山文化的自信。《孫中山》巡演效果體現在以下四個方面。

一是讓海內外觀眾領略了孫中山的思想、精神、文化與人格的大氣磅礴之美，呈現了其穿透歷史的恢弘感召力。《孫中山》不僅填補了孫中山文藝題材的空白，更是「講好中山故事，講好中國故事，傳播中國聲音」的鮮活和成功的例證。

二是探索了文化外宣之路，也是中山市政協拓展公共外交實踐的新嘗試、新探索。《孫中山》選擇最代表西方藝術的交響樂形式，演繹的是孫中山的思想、精神、文化與人格，傳遞了真實的中山形象，同時也弘揚了中國優秀的傳統文化，為海內外觀眾易於接受。《孫中山》以文化築路，音樂搭橋，讓世界喜歡中國聲音、聽懂中山故事、中國故事，接受中國文化，通過文化交流的形式加強與華僑華人的聯繫，為人民政協在海外開展公共外交積累了寶貴經驗。中山市政協主席、《孫中山》總策劃、總編導、總撰稿丘樹宏表示，《孫中山》在華僑最集中的吉隆玻兩度演出，是孫中山先生又再次回到了華僑中間。中馬文化交流協會秘書長葉嘯表示，整場演出太棒了，大家都感受到孫中山永不言敗的精神。馬來西亞國會議員何國忠說，用文化和藝術的形式將孫中山的思想和事蹟表達出來，對馬來西亞人民和廣大華人華僑來說有著特別的意義，這種形式超越

了國籍、超越了時空,感覺十分親切,在促進馬中關係良好發展中起到了積極作用。馬來西亞交通部長廖中萊說,雖然孫中山已經離世逾 90 年,但他留給中華民族子孫後代的精神財富應該永遠被繼承和發揚。他說,這場演出在吉隆坡上演義非凡,既是對孫中山先生的敬仰和緬懷,也是對馬來西亞華人對中國革命巨大貢獻的認同與致謝,希望馬中兩國友誼永固長存。中華人民共和國駐馬來西亞大使館參贊龔春森也稱,「節目非常好,非常有意義。晚會很有穿透力,在中馬之間的文化界、文藝界、學術界搭建了一座橋樑,加深了對孫中山的理解。對不了解孫中山的年輕人,也是心靈上的震撼,有一種穿透力。」 承辦單位馬中藝術協會會長、贊助單位完美(中國)集團董事長古潤金表示,「孫中山先生精神是凝聚中華民族感情,團結海外華僑、華人的重要紐帶,大力弘揚孫中山精神是全球華僑、華人的心聲。馬來西亞是孫中山先生早年活動的重要地方,孫中山先生在此留下許多珍貴的文化遺產,而馬來西亞的華僑華人也爲支持孫中山先生的革命事業做出了特殊貢獻。因此,《孫中山》的巡演來到吉隆坡,更具有多重特別的意義。」

三是體現了中山作爲偉人故里爲國家擔當的文化自覺,展現了一個城市的光榮與夢想和自信。文化是民族的根和魂,是國家和地區的軟實力。孫中山文化是全球華人世界的其中一條重要精神文化紐帶,是謀求兩岸共同發展、追求文化共識的最大公約數之一,以開放爲思想底色的孫中山文化,更容易贏得情感共鳴、文化認同。在文化建設上,偉人故里通過《孫中山》用「中山聲音」講好「中

國故事」，也告訴世界，要敢爲天下先，要敢於夢想，只有這樣，才能在世界舞台上講述好中山故事、中國故事，向世界傳遞城市的光榮與夢想。

四是一部作品引發一股孫中山文化熱。《孫中山》作爲第一個以「孫中山精神」爲主題的大型交響組歌作品，在藝術上的創新，近幾年受到廣泛關注，也帶動了一系列相關題材作品的誕生。尤其是在 2016 年孫中山誕辰 150 周年之際，各地紛紛推出一系列紀念孫中山先生的文藝作品，引發一股「孫中山文化熱」。

習近平總書記說：「我們對孫中山先生最好的紀念，就是學習和繼承他的寶貴精神，團結一切可以團結的力量，調動一切可以調動的因素，爲他夢寐以求的振興中華而繼續奮鬥。」無論在海內外，無論跨越多久的時空，通過各種藝術表現形式演繹「緬懷孫中山，共築中國夢」，就是對偉人最好的緬懷，對歷史最好的傳承，對未來最好的憧憬與追求。《孫中山》無疑在這方面做出了有益而成功的探索，提供了對外文化傳播的範例。

（《對外傳播》2017 年第 03 期）

大灣區弘揚孫中山文化的現實意義

丘樹宏

2019 年 2 月 18 日，中共中央、國務院正式發佈《粵港澳大灣區發展規劃綱要》（以下簡稱《綱要》），標誌著粵港澳大灣區建設進入全新階段。粵港澳大灣區建設是習近平總書記親自謀劃、親自部署、親自推動的重大國家戰略，是新時代推動形成我國全面開放新格局的重大舉措。《綱要》指出，要「共建人文灣區」、「支持中山深度挖掘和弘揚孫中山文化資源」，由此，孫中山文化正式成爲國家命題，列入國家重要發展戰略。

（一）

毛澤東主席和習近平總書記在論述中華優秀傳統文化時，都採用了「從孔夫子到孫中山」的表述，這説明孔子和孫中山是中華優秀傳統文化兩個最重要的代表，而孫中山先生還是中華優秀傳統文化與中國現代文化相結合的最重要的代表。

什麼是孫中山文化？筆者認爲，孫中山文化是指孫中山的思想、主義、理論和精神，以及以上方面所蘊含的文化元素，還包括孫中山的文化思想、文化成果和文化遺產等。孫中山文化概念 2007 年由本人首倡；2008 年初，中山市委市政府頒發《關於加快推進文化名城建設的意見》，將孫中山文化列入八大文化工程之首，正

式成爲中山的第一城市文化品牌；2010 年列進廣東省文化強省重點項目，並寫進 2011 年廣東省政府工作報告。歷經十年的探索與踐行，孫中山文化逐步上升爲國家命題、進入國家發展戰略。

習近平總書記和黨中央高度重視文化建設工作，提出要繼承和弘揚中華優秀傳統文化，要樹立文化自信，要建設文化強國。誠然，粵港澳大灣區建設，經濟社會發展是核心，交通基礎設施建設是基礎，科技教育發展是翅膀，民生事業發展是目的，但粵港澳大灣區也應該是文化灣區，因此《綱要》提出要「共建人文灣區」。香港、澳門，以及珠三角的廣州、深圳、珠海、佛山、中山、東莞、惠州、江門、肇慶九個城市，同屬嶺南文化和珠江文化，在歷史、人口、語言、風俗習慣等方面具有高度的同一性。而偉人孫中山先生則在香港、澳門，以及珠三角各個城市都有著十分豐厚的歷史淵源關係，在粵港澳地區形成了一個特別的文化圈，是粵港澳大灣區最具代表性和影響力的人文價值鏈。經過十年的探索和踐行，孫中山文化已經成爲廣東省命題和國家命題，得到港澳台同胞和全球華僑華人的廣泛認同。

（二）

如上所述，孔子和孫中山是中華優秀傳統文化兩個最重要、最典型的代表，粵港澳大灣區以孫中山文化作爲最集中的人文價值鏈，深度挖掘和弘揚孫中山文化，並以其爲重要載體開展廣泛而豐

富的文化交流與合作，對於《綱要》中提出的塑造灣區人文精神、共同推動文化繁榮發展、加強粵港澳青少年交流、推動中外文化交流互鑒，共建人文灣區，都有著重要而特殊的意義和作用。

首先是可以尋求和建立最大的文化公約數。香港、澳門，以及珠三角九個城市，文化根源都是中華文化，這是毫無疑問的。但是，由於香港、澳門的歷史特殊性，使得其具有獨特的「一國兩制」，在文化的認同上就必須尋找更多的共同點和價值鏈。孫中山13歲的時候從香山經澳門、香港前往夏威夷，之後又在香港讀書，畢業後在澳門就業。孫中山的革命履歷，都與香港、澳門有密切關係。孫中山不僅在港澳留下了豐富的遺跡，更留下了深刻的影響，港澳社會各界都高度認同孫中山。因此，在香港和澳門，在珠江三角洲，發掘和弘揚孫中山文化，可以找到最集中的人文價值鏈，形成最一致的文化認同感。

第二，孫中山文化包括了兩大部分，一是中華傳統優秀文化，二是吸收了世界各國的先進文化尤其是海洋文明，並以此改造和提升中華傳統文化而形成了一種嶄新的中華文化，這種文化是與社會主義核心價值觀完全一致的。在粵港澳大灣區弘揚孫中山文化，既可繼承和弘揚中華傳統優秀文化，又可以連接世界文明，連接「一帶一路」，在新時代繼續開拓創新，繼續充當中國改革開放的視窗和世界觀察中國的視窗。

第三，孫中山的青壯年時代，主要在港澳地區和珠三角九個城市活動，謀生、讀書、革命，艱難困苦、發憤立志，捨己救國、振

興中華，他生動感人、可歌可泣的事蹟和貢獻，天地爲證，日月可鑒。所有這些，都非常值得新時代青少年好好學習和借鑒，對於香港、澳門的青少年，則是一個難以替代的人文榜樣和載體，完全可以作爲港澳大中小學校的文化教育教材，以及社會教育普及讀本。

第四，孫中山除了有救國救民的思想、理論，也有建設國家的宏圖和理想，是中國現代化建設的先驅。他在《建國方略》對全中國的建設進行了謀劃，其中更對珠江三角洲地區有過類似粵港澳大灣區的設想。一百年後的今天，他的這些思路和規劃，對於粵港澳大灣區建成國際一流灣區和世界級城市群，對於規劃綱要中對香港、澳門和珠三角九個城市的建設定位與實施，都依然有著重要的參考價值和指導意義。

第五，以孫中山文化爲重要載體建設粵港澳人文灣區，還可以擴大到海峽兩岸的人文交流合作，以孫中山文化作爲做大的公約數，聯結海峽兩岸人民的文化認同，服務國家和平統一大業。孫中山曾經說過「華僑是革命之母」，在粵港澳大灣區弘揚孫中山文化，對於團結全球華僑華人，建設全球華僑華人共有的精神家園也有著重要的意義。

第六，基於孫中山具有深刻的世界性和豐富的人類性，大灣區弘揚孫中山文化對於加強與世界各國優秀文化、與世界各國人民的交流合作，實施「一帶一路」倡議、融進人類命運共同體的構建之中，形成國際性的孫中山文化圈，同樣有著獨特的作用。因爲，孫中山文化不僅是粵港澳命題、中國命題，還是世界命題、人類命題。

（三）

挖掘和弘揚孫中山文化資源，將孫中山文化作爲粵港澳大灣區建設的重要載體共建人文灣區，首先要制訂一個孫中山文化交流合作長中短期的工作規劃，還要成立一個由香港、澳門和廣東省與珠三角各城市參與的非常設的專責機構，建立聯席會議制度。

孫中山文化是大文化的概念，要集紀念性活動、學術性和文化類項目一起來做，還要融入經濟、交通和城市建設等實體性項目，尤其是要注重融入民生建設和民生事業之中。還要擴大社會各界和老百姓的參與度。

要按照《綱要》的要求創建文創示範區，充分發掘和利用、弘揚孫中山文化資源，聯動嶺南文化、珠江文化及其子文化、粵港澳各城市文化、名人文化包括《綱要》中列舉的各種文化類別開展廣泛的交流合作。

以翠亨村孫中山故居爲原點，建設粵港澳孫中山文化史跡徑，建設粵港澳名人史跡徑，進而擴大到全球華僑華人的範圍，從而形成強大的文化認同和凝聚力，提升大灣區的軟實力和美譽度，建設成爲全球最强盛最美麗的大灣區，建設成爲全球華僑華人共有的精神家園。

注重孫中山文化的物化和活化，將孫中山文化附麗於各種載體之中，深入到城市建設、經濟發展、商旅產業中去。通過創意文化，製作豐富多彩的孫中山文化產品，滲透到老百姓的日常生活中去，

讓孫中山文化看得見、摸得著、用得上。

要創作各種各樣的文藝作品，包括文學、書畫、影視等傳統文藝作品，還要借助現代高科技和資訊技術，創作現代青少年喜愛的類型文藝作品，樹立孫中山文化形象。同時，創設粵港澳大灣區孫中山文化獎。

要通過各種途徑培養孫中山文化專業人才、建立專業機構和團隊、建設專業資訊網路，全面推進孫中山文化專業化、現代化、資訊化、國際化進程。

要充分利用珠三角城市融合内地、香港和澳門兩個視窗、兩種優勢的作用，充分發揮兩種制度中各自的人文特色，在孫中山文化資源的挖掘和弘揚方面探索出新的途徑和經驗，從而擴大影響到全文化的交流與合作，擴延到國内國際的交流與合作，共建人文灣區，爲建成國際一流灣區和世界級城市群，爲新時代中國特色社會主義文化強國建設、爲人類的文明和平進步發展作出應有的貢獻。

國家命題

——「孫中山文化」十年錄

黃廉捷

【引子】

南海之濱，偉人故里。

一條從西到東走向的中山路成為這座城市的風景線，中山路上兩旁搖曳的樹木採摘著秀色，飛鳥輕盈掠過天空，熟悉的街道留下它們閃動的影子，與中山路相逢的另一條風景路——興中道，兩條路呈十字的交匯，不同的路名，鑲就相同的幸福意義。

興中道路邊的花兒向北仰望，風長一分，心長一分，在花兒心中栽種了一個豐盛的「孫中山文化」。

許多人還記得那個場面，2015 年 11 月 11 日，紀念孫中山誕辰 149 周年暨「孫中山文化」專題研討會在北京召開，這是「孫中山文化」概念提出以來首次以專題形式研討的一次盛會。

專題研討會由民革中央孫中山研究會、人民政協報社與政協中山市委員會聯合主辦，十一屆全國人大常委會副委員長、民革中央原主席周鐵農，時任全國政協文史和學習委員會副主任卞晉平，時任全國政協委員、民革中央宣傳部部長吳先甯，時任中華文化促進會副主席、主席團諮詢委員金堅范，中山市政協主席丘樹宏等出席會議。研討會彙集了國內孫中山研究的著名專家學者，王曉秋、陳

漱渝、宋余慶、周桂鈿等專家在座談會上發言。研討會場面宏大，通過當年的現場照片，你就能感受到這次盛會對「孫中山文化」發展的重要性，也標誌著「孫中山文化」開始進入國家視野。

2019年2月18日下午，中共中央、國務院正式公佈《粵港澳大灣區發展規劃綱要》，「綱要」第八章第二節「共建人文灣區」中明確「支持中山深度挖掘和弘揚孫中山文化資源」，標誌著中山人孜孜以求堅持探索和踐行了十年之久的「孫中山文化」正式上升爲國家命題，並列入粵港澳大灣區這一重要國家發展戰略。

時間回到2008年，也就是「孫中山文化」概念在偉人命名的城市以市委市政府文件形式正式提出之時，短短的十年間，從無到有，一路走來，已經蔚成氣候，碩果累累。

關於「孫中山文化」的形成過程，早在2007年，中山市委、市政府就出台了《關於進一步加强孫中山研究和資源利用的意見》，並將紀念孫中山誕辰活動首次確定爲「孫中山紀念周」，這是「孫中山文化」概念提出的前奏；2008年，中山市委、市政府出臺《關於加快推進文化名城建設的意見》，正式提出「孫中山文化」的概念，並將「孫中山紀念周」更名爲「孫中山文化周」，「孫中山文化」從概念進入到實踐和研究層面；2010年，「孫中山文化工程」和「孫中山文化節」列入廣東省建設文化强省綱要並寫進2011年省政府工作報告，「孫中山文化」上升爲廣東省命題；2011年，紀念辛亥革命100周年大會、首屆「孫中山文化節」相繼舉辦，標誌著「孫中山文化」工程建設的制度化發展；2012年，

大型交響組歌《孫中山》在第二屆海峽兩岸中山論壇公演，標誌著「孫中山文化」列入兩岸共同關注的文化議題。

「孫中山文化」的提出，走出了原有的政治紀念、學術研究的框架，豐富了孫中山研究的內涵，是一種極具意義和價值的深化和提升。它的提出，從「大文化」的角度活化對中山資源的挖掘利用，即從政治紀念、學術研究、文藝創作、文化引導、產業利用等方面全方位地開展工作。如在學術理論方面，組織了一系列課題調研，撰寫了一系列專題論文，舉辦了一系列學術理論研討活動，出版了一系列著作；基地建設方面，以孫中山名義規劃建設翠亨新區，在翠亨村建設孫中山研究基地；在文學藝術方面，已經成功舉辦三屆「中山杯」華僑華人文學獎，主創編導了大型交響組歌《孫中山》，協助拍攝了電影、電視劇《辛亥革命》等；文化產品方面則籌劃建設了孫中山全球足跡徑等重大項目和孫中山紀念茶等紀念品。

（——摘自人民政協報 2015 年 11 月 16 日 09 版《探索孫中山文化的當代價值》一文上中山市政協主席丘樹宏發言。）

這是中山市政協主席丘樹宏對「孫中山文化」概念最早的詮釋，從 2008 年中山市委、市政府出台《關於加快推進文化名城建設的意見》，正式提出「孫中山文化」的概念，十年間，「孫中山文化」命題從理論層面走向實踐，從中山市和廣東省命題開始走向國家命題，走向世界性命題。

「孫中山先生是偉大的民族英雄、偉大的愛國主義者、中國民主革命的偉大先驅，一生以革命為己任，立志救國救民，為中華民

族作出了彪炳史冊的貢獻。」這是習近平總書記在紀念孫中山先生誕辰 150 周年大會上講話中對孫中山的評價。孫中山作爲 20 世紀中國三大偉人之一，在全球華人中享有崇高地位，孫中山的名字已不僅僅代表他個人，而是作爲一種文化符號一直受到全球華人的推崇。中山市作爲孫中山的故鄉、全國惟一以偉人名字命名的城市，多年以來，以「敢爲天下先」的精神在傳播「孫中山文化」，並在保護和利用孫中山資源方面做了大量工作，收到了顯著的成效。近年來，中山市在弘揚中山先生的思想與精神，擦亮孫中山文化品牌，讓孫中山文化基因得以進一步啓動，滲透到經濟、政治、社會等各個領域，樹立文化品牌、突顯文化魅力，並轉化爲推動中山發展和人民進步的精神力量，以孫中山文化爲引領建設全球華人共有精神家園。

忽如一夜春風來，「孫中山文化」爲我們帶來無數的可能。

【第一章】「孫中山文化」誕生

「五桂山下／蘭溪河畔／原野飄香／宛若天堂／翠亨村曉／醒來的阡陌上／走過來一個人／我們的孫中山／／走過多少路／名字叫中山／條條中山路都通往四方／飛越大海／聯結中國心／世界的孫中山／我們的孫中山／／我驕傲／我奔放／自由思想／獨立堅強／我歌唱／心飛揚／天地間迴響／我們的孫中山。……」──大型交響史詩《我們的孫中山》

1、「敢爲天下先」的精神在激發

伶仃潮湧，風卷雲舒，五桂巍巍，岐江悠悠。

中山，古稱香山，1925 年因紀念中國民主革命的偉大先驅孫中山先生而更名。而今的偉人故里——中山，如小家碧玉般靜靜綻放於珠江西岸，有人以恬靜、休閒、舒適、美麗來形容它，也有人以進取、拼搏、敢爲、創新來形容它，還有人以文明、富裕、幸福、和美來形容它。有人曾説，在天空上看中山，水道縱橫交錯似五線譜。一方水土養一方人，這裡除了孫中山，還出過近現代叱吒風雲的歷史人物還有鄭觀應、容閎、楊殷、楊仙逸、阮玲玉等等，曾榮獲聯合國「人居獎」，是「中國十大最具幸福感城市」之一。

這裡有改革開放的歷史畫卷，這裡有「敢爲天下先」的精神，這裡有和美城市人文。

「孫中山文化」，似一首甜美的歌謠，在岐江兩岸隨風飄起。

談到「孫中山文化」概念的提出，必定要談到中山市政協主席丘樹宏。他，是中國著名詩人，是「孫中山文化的首倡者」。丘樹宏出生於廣東連平，1981 年畢業于廣東惠陽師專中文系。他曾做過農民、民辦教師、赤腳醫生（兼獸醫）、公社放映員、中學教師，曾任廣東省連平縣委辦公室秘書、副主任，珠海市委辦公室科長、主任助理，珠海市平沙區副區長、市體改委主任、香洲區委書記、珠海市委常委兼秘書長，中山市委常委、組織部部長，中山市委常委、宣傳部部長，現爲中山市政協主席。他從珠海再到中山，

從地理歷史到人文風情再到對孫中山文化的研究傳承，他 2004 年與中山這個城市結下不解之緣後，內心深處對傳播孫中山文化落下了強烈的使命感。

丘樹宏曾說過。「一種優秀的文化，自然需要傳承和弘揚。如果一場講座能吸引一個人認識孫中山文化、熱愛孫中山文化，那麼自己的付出也就值了。」

回到 2007 年 11 月的一天，秋高氣爽，嶺南之地，香山水土，漸漸泛起幾分涼意。天空與大地都似飛進一處無聲的寧靜裡，無聲地收藏夏季的蟬鳴，幸福之美的歌謠在鹹淡水周邊傳頌。

丘樹宏在珠海家中，拿起之前同事們起草的一份報告看了又看，有多年文秘工作經驗、對文字極為敏感的他終於把報告放回了桌子上。報告中沒有核心，缺乏抓手。「不行！還得自己來寫。」他週末的餘暇留給了工作，多年來，這成了他的習慣。

他在家中踱來踱去，一會兒又到陽台望向遠處，遠處是層層疊疊的高樓，微風吹起，似暖乍涼的秋風為其帶來更多思考的靈感。自打到了中山任職，心中總有一份對孫中山先生偉大精神弘揚與繼承的使命感在時刻在提醒與激勵著他。他以思考抵達另一個理想的境地。

經過反復思考，丘樹宏心裡的方案基本成熟了。為了不耽誤工作，又想儘快把自己設想落實下來，他決定召集起草報告的相關人員再聚一起商議。當他手拿起電話時，腦中不時閃出與時任無錫市委常委、宣傳部部長王立人部長座談的場景，觸動其心的

話語又出現了。

「丘部長，你們提出三年完成創建國家歷史文化名城讓我難以相信，我們艱苦做了七年，七年的材料那麼厚」，王立人邊說邊舉起手拉出高高的手勢做比喻，「我表示懷疑，你們做不做得到？」這是丘樹宏率團到無錫就如何創建「創建國家歷史文化名城」取經的一個情景。

這次的座談很輕鬆，但聽到無錫宣傳部長那懷疑的語氣，丘樹宏的心裡也打上了問號。是啊，他自己心裡也沒底，沒底的原因來自於沒有參加過創建「國家歷史文化名城」的經驗。一件沒有做過的事情，誰能做到百分百成功，沒人敢打保票，沒有人能預知未來，包括他自己，雖然他相信事在人為，但成功之路會有多種可能。

秋天的氣息吞噬了時光，一寸寸從眼前無聲晃過，一個光榮的使命在生長。

在他任職中山市委常委、宣傳部部長後，才知道中山居然還不是國家歷史文化名城。他覺得這很不應該，中山是偉人故里，在經濟、社會、文化建設方方面面都做得很優秀，為何還不是國家歷史文化名城？

他心中生起種種疑問，心裡不是滋味。一次，他與時任市委書記在個別座談時談到，想把中山創建「國家歷史文化名城」做為目標，爭取在 2011 年辛亥百年時創建成功，時任市委書記聽了非常贊同支持。

曾經孕育過的想法，一直靜靜堅守在內心深處，他要沿著堅定

的思想河流奔走。

「2007 年，中山市委剛好換屆，需要提出方方面面的戰略規劃，宣傳文化系統同樣要有規劃，市委當時要求我提出宣傳文化的規劃，因此 2007 年 10 月市委宣傳部組織考察團到無錫學習取經。」

歲月似能聽見他個人內心的呼喚，內心如湧動的海浪激打著礁石。

「敢爲天下先」的精神激發丘樹宏要迎難而上，爲中山做點事，爲孫中山先生做點事，一心如定海神針鐵一般穩紮在其心底。

其實，爲了更深入了解香山和中山的關係，丘樹宏一早就做足了工夫。「初到中山時，我以爲凡是成年人以至中小學生都應該知道孫中山，但實際上真正了解和懂得孫中山的人居然不在多數。2004 年，我從珠海市調任中山市就曾經不止一次遇到過這種尷尬。我發現，在中山，雖然對孫中山故居保護得很好，在孫中山逝世日、誕辰日也有紀念活動，還有孫中山研究會，出版過一些有關孫中山的書籍和影視作品，但總的還是那種公事公辦、形式化的東西，缺乏一種理性的文化認知，更沒有上升到文化自覺，因而導致孫中山的品牌資源嚴重閒置，其各種影響力也遠遠未能挖掘利用。我認爲，這對於孫中山的家鄉，不僅是笑話，還應感到深切的遺憾和愧疚。」丘樹宏曾對不少人這樣講過。

2003 年，丘樹宏還沒到中山任職前，當時，廣東省委提出要建設「文化大省」，丘樹宏馬上與《羊城晚報》合作，張羅了一次「沙龍」，組織廣東文人官員和學者中的知名文化人聚集珠海，研

討如何建設文化大省。幾天後，丘樹宏又在「花地」發文《廣東離文化大省有多遠？》（見《羊城晚報》2004 年 2 月 28 日）文中他首次提出「香山人文」概念，引發了為時兩個多月的討論。

珠江口鹹淡交匯，浪擁浪抱，相見甚歡，似失散多年朋友，彼此訴衷腸。

有了這塊「敲門磚」，丘樹宏對中山這座城市有了更深的認識與了解。

心裡有了好想法，就要儘快落地。可今天還是週末，會不會影響同事們難得的週末的休息？丘樹宏不管那麼多了。

他聯繫上了宣傳系統的相關人員。

「請你們晚上六點找個地方一起商議報告的起草修改。」

電話那頭，宣傳部的同事回應了說好，馬上召集相關人員一起到約定地方商議。

珠江口落日之時，香山之地風起風落，飛鳥穿行。

落日與雲影就在眼前，坐在車上的丘樹宏從珠海趕回了中山，一個小時的車程，讓他再次深入思考如何做好中山這座城市文化工作的問題。

近十位宣傳系統的同事到了位於南外環路與長江路交界一處地方，他們在一個小房內召開一個簡單的報告商討會，思路清晰，丘樹宏把自己的想法一一告訴給同事們，會議一會兒就開完了。散會時，一位年輕的男同事深為佩服地說：「没想到丘部長想得那麼的細，思路那麼的深，又那麼的開闊。」

就是在這次聚會中，丘樹宏首次提出了「孫中山文化」這個概念。

許多年以後，當有人與丘樹宏提起無錫之行這件事時，他都會笑笑講起當時的情景，爲中山做多一點事成爲了他畢生的願望。時間過去十年多，講起這段記憶，丘樹宏增加了許多的自信。

2、「孫中山文化」概念問世

事情已經過了十年。人生沒有多少個十年，十年路短，十年路長，十年春華秋實。

五桂晨曦微露，太陽探出腦袋。

2018 年 8 月 24 日，處暑的第二天，天氣稍熱，中山的興中道兩旁繁花盛開，興中道 1 號市政協辦公大樓 12 樓小會議室，丘樹宏爲我講起了那份報告的內容。

「我當時的報告方案是這樣設置的：一是用三年時間，以『孫中山家鄉』的名義創建成功國家歷史文化名城；二是提出建設國家歷史文化名城的戰略，在這個創建當中就需要內容，我當時提出『八大文化』工程，排在第一位的就是『孫中山文化』，第二位是『歷史文化』工程……」

丘樹宏回憶稱，「孫中山文化」的概念在 2007 年就有雛形出來了，但真正進入到中山市委、市政府的決策裡是 2008 年。

每段輝煌的歷史都不會被人忽略。在中山市檔案館，它們把這塊熱土發生過的點滴珍藏起來，以長長的目光企盼後人來翻閱。

2018 年 8 月的一天，我在中山市檔案館翻閱「中委 [2008]1

號中共中山市委、中山市人民政府關於加快推進文化名城建設的意見」檔案，檔案中見最核心的內容是，組織實施「八大文化」工程，其中，「孫中山文化工程」赫然列在首位。這八大工程包括：一是「孫中山文化工程」，二是「歷史文化工程」，三是「產業文化工程」，四是「民俗文化工程」，五是「公共文化工程」，六是「博愛文化工程」，七是「「三名」文化工程」，八是「生態文化工程」。就這樣，「孫中山文化」概念誕生了。

如春之響雷，響徹鹹淡水交匯之地，擴散，擴散，再擴散……

自始，「孫中山文化」成爲了中山這座城市的文化戰略。「我記得，爲了論證「孫中山文化」概念，在中山故居，召開一個了專題會議論證「孫中山文化」問題，這一次，所有的人都表示贊同，但會後有些同志向我反映，說在其他地方有些領導和專家提出了不同意見，覺得「孫中山文化」把孫中山放小了。」丘樹宏直言提出「孫中山文化」概念時所遇到的一些問題，但他認爲這是件正常不過的事。丘樹宏說，任何事情都可能有不同意見，「孫中山文化」是個新概念，有不同看法不奇怪，但我們要堅持這個信念。丘樹宏認爲，關於孫中山文化的內涵，習近平總書記在紀念孫中山誕辰 150 周年大會上的講話中有這樣的闡述：「熱愛祖國、獻身祖國的崇高風範，天下爲公、心繫民眾的博大情懷，追求真理、與時俱進的優秀品質，堅韌不拔、百折不撓的奮鬥精神。」這是孫中山思想和精神方面的文化內涵。當然，孫中山本身也是一個偉大的文化人，他的著作、演講，他的詩歌和書法，都達到了十分高的境界，

屬於孫中山文化的重要組成部分。

孫中山文化繼承和發揚了中華優秀傳統文化，又吸收融合了世界先進文明，屬於典型的「鹹淡水文化」。「孫中山文化」特別是他的「敢爲天下先」、「博愛」、「天下爲公」等精神與當今的社會主義核心價值觀一脈相承、交相輝映。

「孫中山文化」如一滴輕盈之水落于大地，晶瑩透亮。

丘樹宏奔跑在「孫中山文化」推廣之路上。「孫中山文化」進入了中山市委、市政府的決策後，所有工作也就正常開展了。在丘樹宏心中，「孫中山文化」概念提出是經過深思熟慮的，他有堅定走下去的信心。他肩膀上，承載著春天的希望，腳下，一個一個有力的印記，如播種春光。

他對我講，「以前做孫中山相關的活動，多是政治上去做的，從意識形態方面去做的，這當然是應該要做的，是最核心的東西。但僅僅從意識形態方面去做，對於一個地級市而言，對於一個在中華民族歷史上起到重要意義的偉人來説，這個面就偏窄了，走不開，很難走下去，尤其是中山市。爲此我們才提出「孫中山文化」這個概念。雖然「文化」概念依然屬於形而上，還是意識形態，但畢竟相對中性，做起來會更加方便。更重要是我們把它作爲民族文化遺產來對待，像孔子文化一樣，都是國家文化遺產，這就會站得更高、走得更遠。」

丘樹宏闡述了提出這個概念的意義所在。每一個行動的發生，都預示著節拍響起。他把自己對於中山這座城的愛，化成斑

爛記憶。

　　2018 年的中山，已經有更多的人知道與了解「孫中山文化」的內涵了。2017 年 6 月 17 日，雖然當天大雨滂沱，但位於中山市西區彩虹大道 167 號的荔景苑內格外熱鬧，孫中山文化主題館暨孫中山先生銅像揭幕式及中山市第七屆荷花節荔景苑展場在這裡舉行啓動儀式。荔景苑是一個以「孫中山文化」爲主題的文化教育基地，「孫中山文化」就是以這種形式在這片土地年播散，荔景苑於 2017 年 5 月被授予「孫中山文化教育基地」和「中山市青少年實踐教育基地」。而今，走進荔景苑，撲面而來的是院內古色牆壁，綠蔭處處，與孫中山有關的元素隨處可見。

　　「我個人認爲，『孫中山文化』應該包括孫中山的政治思想與理論體系、經濟思想與社會主張、軍事思想與戰略戰術，以及以上三方面所蘊含的文化元素，更包括孫中山的文化思想、文化成果和文化遺產等。孫中山文化的當代價值是不容忽視的。作爲偉大的民族英雄、偉大的愛國主義者、中國民主革命的偉大先驅孫中山，既是一個政治符號，也是一個精神符號、文化符號，孫中山既爲我們留下了重要的政治遺產，也爲我們留下了寶貴的精神遺產和文化遺產，並成爲凝聚全球華人的精神紐帶，孫中山思想和精神是中華民族珍貴的文化財富。」這是丘樹宏對孫中山文化概念的詮釋。

　　這座和美的城市奏出的樂章如擊水三千里，樂章疊疊，起伏不停。

　　丘樹宏在文章中說，「『孫中山文化』概念的提出，其可貴之

處是，走出了原有的紀念、研究的各種局限，一定程度上跳出了純政治的框框，回到了其應有的人文本原，更豐富了內涵，擴展了外延，是一種極具價值的深化和提升。它的提出，有利於推動我們走出一直以來將孫中山純政治符號化的局限，進而從人文和「大文化」的角度活化對孫中山資源的開發利用，轉而從政治紀念、學術研究、文藝創作、產業利用等方面全方位地開展工作。」

那是一道流動的金色之光，在偉人故里此起彼伏，以多彩的姿態，向著文明進發。

自提出「孫中山文化」概念後，丘樹宏覺得還必須講清楚「孫中山文化」是什麼回事。在 2008 年，丘樹宏在北京懷柔參加培訓，心中一想到「孫中山文化」，想講的話如奔騰不息的河流，他趁閒置時間，寫了一篇文章。文章只有短短不到 2000 字，但在這篇文章當中，第一次論證了「孫中山文化」。

在 2011 年 2 月 16 日的《光明日報》上，我看到了丘樹宏所寫的《孫中山文化：一個重要的國家命題》一文：

作為偉人孫中山故鄉的中山市，改革開放 30 年來的發展變化可謂滄海桑田、翻天覆地。中山市既成為了廣東省及至全國踐行科學發展觀的典範地區，其實踐同時也全面生動深刻地詮釋了孫中山思想。

從工業立市、經濟強市，中山市近年來進入了更高的發展階段，提出了建設文化名城的發展戰略，率先提出了「孫中山文化」這一概念，並將「孫中山文化」工程放在八大文化工程的第一位，

以圖通過紀念、研究、傳承和資源開發利用來為現實服務。比如將孫中山誕辰日舉行的簡單紀念儀式，擴展為融紀念、文化、旅遊為一體的「孫中山文化周」，牽頭創立20世紀三大偉人故鄉聯盟，等等。中山市對孫中山的研究領域不斷拓展，特別是相關歷史文化資源的開發利用視角不斷創新，力度不斷加強，影響日益擴大，從而作出了有益而卓有成效的探索。

孫中山在中國的歷史地位和歷史作用是不言而喻的。我們一直非常崇敬孫中山先生，一直十分重視對孫中山的紀念及其學術研究。但是，由於各種原因，我們對於孫中山，似乎一直始終處於一種說不盡道不完的「尷尬」狀態。在政治層面，我們一直奉行一種「例行規矩」，也就是在他的誕辰日——每年的11月12日，舉行一種簡單的祭拜，或配合舉行一些學術活動；在中華人民共和國成立的紀念日，每逢五年或十年的「大慶」，在天安門的對面，高高矗立孫中山的巨幅畫像。在學術方面，一直在深化和拓展方面沒有多大的突破和創新，還出現不少誤區，走了不少彎路，甚至還在繼續走彎路，對孫中山思想的現實意義更是研究不夠。而在孫中山的資源開發利用，如孫中山文化產品生產、產業開發利用等方面，則與其他相類的政治性名人有著巨大的差距。

今天，確實該重新審視一下我們對孫中山的研究傳承和資源開發利用這一重大課題了。

其實，孫中山既是一個政治符號，也是一個精神符號、文化符號，孫中山既為我們留下了重要的政治遺產，也為我們留下了重要

的精神遺產和文化遺產。為此,「孫中山文化」這個嶄新的概念才應運而生。

「孫中山文化」究竟是什麼?它應該包括孫中山的政治思想與理論體系、經濟思想與社會主張、軍事思想與戰略戰術,以及以上三個方面所蘊含的文化元素,更包括孫中山的文化思想、文化成果和人文遺產。

「孫中山文化」的特質是,它是中國近代文化的靈魂,既領導和印證了中國甚至世界的文明進程,還將繼續印證和引領中國和世界的文明走向。前者是它的歷史意義,後者是它的現實意義,具有厚重的普世價值。可見,孫中山的思想、精神以及形成的人文資源,對於我們走中國特色社會主義道路、建設中華民族的共有精神家園、建設和諧社會,都具有極其重要的現實意義。

如此看來,「孫中山文化」概念的提出,其可貴之處是,走出了原有的紀念、研究的各種局限,回到了其應有的本原,更豐富了內涵、擴展了外延,是一種極具價值的深化和提升。它的提出,將積極推動我們走出對孫中山這個政治符號的僵化認識誤區,進而從「大文化」的角度活化對孫中山資源的開發利用,即從政治紀念、學術研究、文藝創作、產業利用等方面全方位地開展工作。

「孫中山文化」概念是中山市提出來的,但僅僅由中山市來做則遠遠不夠,因為孫中山既是中山市的,更是整個中國的,甚至是全世界的。中國影響世界並受到廣泛公認的偉大人物並不多,而孫中山是其中最重要的一個。

從這個意義上講，「孫中山文化」不僅是中山市的命題，也是國家命題，甚至可以說是世界性命題。

當前，我們正在加快民主法制建設，建設和諧社會，建設中國特色社會主義；中國正處於近300年來實施「文化復興」的最好時期，提高文化軟實力十分急迫；兩岸關係正面臨一個嶄新的歷史時期；從「經濟崛起」走向「文化崛起」的中國，需要用文化與世界架起溝通的橋樑，樹立嶄新的形象。所有這些，「孫中山文化」都為我們提供了一種重要的啓示和途徑。也就是說，「孫中山文化」是我們可資利用的一個重要而特殊的品牌資源。

2011年，是辛亥革命100周年，這又是一個千載難逢的歷史性機遇。看來，我們確實是到了將「孫中山文化」提升至國家命題、國家行為的時候了。

秋日在望，興中道上花香四溢，偉人故里處處動人。

丘樹宏介紹當初寫這篇理論文章時稱，「在一開篇就論述「孫中山文化」包含的三個層面概念，一是指他的精神、思想、主義、品質、理想等這些核心內容；第二是指思想、主義、精神背後的文化元素；第三個是孫中山本身就是一個文化大家，他的演講、舊詩詞、書法都算是文化大家，他還寫自由詩。我也是因爲寫這篇文章，才了解他還寫自由詩的。」

孫中山的詩詞數量不多，但文采悅人，孫中山一首廣泛流傳的詩，是1899年秋寫的《詠志》。詩雲：「萬象陰霾掃不開，紅羊劫運日相催。頂天立地奇男子，要把乾坤扭轉來。」孫中山所寫的

對聯「一椽得所，五桂安居」，至今還懸掛在孫中山故居門前。孫中山就是這樣的傑出詩人。

秋日遼闊，浮雲流動，推動「孫中山文化」發展的動力不斷。

2015年11月11日，紀念孫中山誕辰149周年「孫中山文化」專題研討會在北京召開。十一屆全國人大常委會副委員長、民革中央原主席周鐵農出席會議，並與參會專家、學者一道，圍繞孫中山文化進行了廣泛而深入的探討。周鐵農在總結講話中明確贊成「孫中山文化」提法——

「孫中山文化」的提出是有道理的，也是有根據的。從字面上來講，所謂孫中山文化不外乎兩個方面：一方面是對孫中山思想、理念、精神、活動給予文化上的解讀；另一方面是用文化的視角去觀察、評價、研究孫中山其人、其事、其所處的時代和其所從事的革命活動。孫中山先生所處的時代內憂外患、積貧積弱、民不聊生，從文化視角來看，也是一個文化衝突非常激烈的時代。這種文化衝突主要體現在兩個方面：一是中國傳統文化與現代文化的衝突，當時正好是新文化運動初期，新舊文化衝突非常激烈；一是中國文化與西方文化的衝突，即舊學與新學、中學與西學之間的衝突。作為一位愛國者，作為一個革命家，如何來審視、理解、處理、解決這種文化衝突，一定是他經常思考的問題。對於這種文化衝突，不同的人有不同的理解，有不同的解決辦法，也有不同的處理態度，這本身就是一種文化。對這一問題的研究，應納入孫中山文化的研究範疇。因此，我覺得研究孫中山文化是非常有道理的，可以深化以

往對孫中山的各種研究。同時，文化視角是一種獨特的、有必要的也非常有意義的視角，希望能對「孫中山文化」這一提法、概念做進一步的深入研究。

孫中山文化研究，應為一定的目標服務。當前有兩大任務擺在了中華兒女面前，一是振興中華，一是祖國統一，這都是孫中山先生當年的理想。習近平總書記指出，「現在，我們比歷史上任何時期都更接近中華民族偉大復興的目標，比歷史上任何時期都更有信心、有能力實現這個目標。」2015 年 11 月 7 日，兩岸領導人在新加坡進行了歷史性會面，兩岸關係在和平發展理念的指引下，到目前為止，是按著一個正確方向在推進。孫中山文化是我們實現中華民族振興的目標，推動兩岸和平發展，促進祖國和平統一的一個非常有利的可依靠的載體。所以我認為，孫中山文化研究，要緊扣當前中華民族的這兩大任務，要為此服務。

這次專題研討會，「孫中山文化」從意識形態上、學術研究上都是可以站得住腳的。在意識形態層面，國家領導人給予了充分肯定；學術研究層面上，專家學者們也給予了高度評價。

蘭溪輕鳴，五桂舞動。它們似聽到人們一路譜寫「孫中山文化」的讚歌，偉人之城，一隻帶著秋色的候鳥盛裝飛翔。

【第二章】踐行在繼續

「珠江長／南海遠／江海波浪翻／潮起潮落鹹淡水／滄桑說千

年//桂山下/蘭溪畔/山河綠如藍/春來秋去翠亨村/走出一個人//悠悠鹹淡水/滄海變桑田/走出一個人/點亮一片天……」——大型交響組歌《孫中山·翠亨村》

1、我們是出題者，也是答卷人

在《中華人民共和國憲法》中，只提到了兩個人物，一個是孫中山，另一個是毛澤東，這就是「序言」中的這幾段話：

中國是世界上歷史最悠久的國家之一。中國各族人民共同創造了光輝燦爛的文化，具有光榮的革命傳統。

一八四〇年以後，封建的中國逐漸變成半殖民地、半封建的國家。中國人民爲國家獨立、民族解放和民主自由進行了前仆後繼的英勇奮鬥。

二十世紀，中國發生了翻天覆地的偉大歷史變革。

一九一一年孫中山先生領導的辛亥革命，廢除了封建帝制，創立了中華民國。但是，中國人民反對帝國主義和封建主義的歷史任務還沒有完成。

一九四九年，以毛澤東主席爲領袖的中國共產黨領導中國各族人民，在經歷了長期的艱難曲折的武裝鬥爭和其他形式的鬥爭以後，終於推翻了帝國主義、封建主義和官僚資本主義的統治，取得了新民主主義革命的偉大勝利，建立了中華人民共和國。從此，中國人民掌握了國家的權力，成爲國家的主人。

孫中山先生爲中國找到了一條民族、民權、民生的共和之路，他第一個喊出了「振興中華」的強音。

「一位偉人成就了一座城市。」丘樹宏經常提到這句話，「一位偉人與一座城市」還成爲他在各地演講的保留題目。

今天的中山，在其1800平方公里的土地上，到處都看得到孫中山精神的影子；中山人將對孫中山的思想譜寫在1800平方公里土地上，卻將對孫中山的無限崇敬深深埋進心裡。

丘樹宏與中山市委黨史研究室原主任郭昉凌合寫過一篇《將孫中山文化上升爲國家命題的思考》文章，文中提到：「作爲孫中山故鄉的中山市，一直深受孫中山思想和精神的影響，孫中山文化對中山城市發展起到重要的作用。孫中山是中國民主共和的締造者和奠基人，他爲改造舊中國鞠躬盡瘁奮鬥一生，他的家鄉香山縣因紀念他而更名中山縣，而中山這個地方更因他而揚名世界。……作爲孫中山的故鄉，中山市一直深受孫中山思想和文化的影響，作爲改革開放的前沿，中山市30多年來的發展變化可謂翻天覆地、滄海桑田。這既是中國特色社會主義的產物，其實踐也全面生動地詮釋了孫中山文化。而「博愛、創新、包容、和諧」的新時期中山人精神，凝練了香山歷史文化和建設現代文明的雙重意念，是中山人一種精神力量和共同的價值取向，體現了孫中山精神的現代傳承與創新。面對經濟社會高速發展，中山市繼實施工業立市、經濟強市發展戰略之後，於2007年提出了「文化名城」發展戰略，次年，市委、市政府以1號文件下發《關於加快推進文化名城建設的意見》，正式提出了孫中山文化這一概念，把孫中山文化作爲文化名城建設「八大工程」之首。……」

中山找準了城市的核心文化形象，將「孫中山文化」作爲第一文化名片。經過多年的探索，中山主打「孫中山文化牌」，以此作爲標杆，實現綱舉目張，作爲建設文化名城的重要抓手。

偉人之城，如詩如畫，在幸福前行的腳印中，總帶著絢麗的色彩。

短短的時間裡，「孫中山文化」實踐就鋪開了。2007年開展重走孫中山革命道路、孫中山史跡徑建設、二十世紀三大偉人故居聯盟活動，同時將每年一度的孫中山誕辰紀念活動改爲「孫中山紀念周」。

沸騰的2008年，國人心中總能憶起的第29屆奧運會在北京舉行，神七飛天⋯⋯

2008年3月12日，孫中山故居紀念館，思念綿長，如榕樹垂下的長鬚，中山市各界人士在此舉行紀念孫中山先生逝世83周年活動，向孫中山先生遺像敬獻花藍。同一天，還有孫中山史跡徑建設工程在孫文西路「中山紀念圖書館」牌坊揭幕、「孫中山與思想大解放」座談會、《孫中山與翠亨村》展覽開幕。

2008年中山市將「孫中山紀念周」改爲「孫中山文化周」，2011年上升爲「孫中山文化節」，把紀念活動和文化活動、旅遊活動、經貿活動有機結合起來，並被省委省政府列入廣東文化強省重點文化項目。

「我們創建了孫中山文化旅遊節，天地就廣了。後來孫中山文化節，列進了省的文化強省戰略之一，孫中山文化上升爲省級命題

和省級工程。」丘樹宏説道。2011 年的廣東省的《政府工作報告》明確提出「要弘揚孫中山文化」，《廣東省建設文化强省規劃綱要》則明確將「孫中山文化節」列爲全省重點文化項目。

以「孫中山文化」爲主題的文化産品豐富多彩，比如大型報告文學和紀錄片《中山路》、《中山裝》系列作品、大型交響組歌《孫中山》、交響史詩《我們的孫中山》、長篇散文詩《山高誰爲峰》、大型政論片《一位偉人與一座城市》、詩集《偉人逸仙》、論文集《國家命題——孫中山文化工程概要》、大型兒童劇《少年孫中山》等等。孫中山文化已經成爲中山市最亮麗的城市名片。同時，配套打出了「博愛文化牌」、「普惠文化牌」、「産業文化牌」、「民俗文化牌」等城市文化品牌，形成了一系列品牌文化活動項目和文化名片，如慈善萬人行、孫中山文化節、「中山杯」華僑華人文學獎、系列紀錄片《海外中山人》等。

講起踐行「孫中山文化」，丘樹宏能爲你一一列出不少的大型活動和項目。

「尤其是 2011 年，中山市借辛亥百年紀念爲歷史機遇，通過舉辦紀念辛亥革命 100 周年暨首屆孫中山文化節活動，充分發揮孫中山故里的優勢，傾力把孫中山文化這一文化强省建設的重大命題，打造成爲一個影響廣泛、意義深遠的廣東省文化品牌和文化名片。」丘樹宏稱。

2011 年，中山市借助紀念辛亥革命 100 周年的歷史性機遇，以「惠民是最好的紀念，發展是最好的繼承」爲原則，以「孫中山」

為核心、以「孫中山文化節」為重點、以「辛亥百年」為背景來開展。在整個孫中山文化節期間，重點策劃開展「四大系列·十個重點·百項活動」。中山市舉辦的「孫中山文化節」，在全省、全國尚屬首次。首屆孫中山文化節「四大系列·十個重點·百項活動」包括國家、省、市文化項目系列，中山市民生與實體建設項目系列，展覽展會系列和旅遊活動系列。「百項活動內容」也包含了慶典節會、演藝演出、展覽展會、影視作品、文化外宣、圖書研討、城市形象、民生與實體項目等八大系列 100 多項活動內容。

中山市的辛亥百年紀念活動貫穿整整一年時間，層次之高、規模之大、效果之好、影響之廣超過預期，得到中央和省領導的高度評價與充分肯定，在海內外產生巨大影響，受到本市老百姓和社會各界以及海外華僑華人的廣泛關注和普遍讚賞。

一次次的活動如滴滴透明水珠，落於大地，變成一首首動人的抒情詩，清澈動人。

歷時三年的創建，2011 年，中山成為全國第 114 個歷史文化名城。

「孫中山文化」概念從中山這座和美城市提出，開始走向四方，走向全省，走向全國，「孫中山文化」足印隨著其實踐活動一路高歌。

天地廣闊，高山流雲。「孫中山文化」散播五洲。

2016 年 11 月 8 日，立冬的第二天，北京天氣涼意漸濃，路上行人已穿上厚厚外套，適逢紀念孫中山先生誕辰 150 周年，舉辦了

四屆的華僑華人「中山文學獎」在北京揭曉。客如雲來，共聚歡喜，「中山文學獎」爲來自海外華人華僑增添絲絲暖意。

　　一個連結了無數華人華僑作家之心的文學獎，雖然到目前只辦了短短四屆，但它已經成爲海外華文作家的文化「福利」，在華人華僑心中已經鉻上深深的認可之印。

　　在第四屆華僑華人「中山文學獎」頒獎現場，我見到了來自美國的作家陳瑞琳。陳瑞琳對海外華文寫作了解甚深，對華僑華人「中山文學獎」也比較熟悉，她在第四屆的華僑華人「中山文學獎」獲伯樂獎，她對我稱，這個文學獎是中國唯一面對華僑華人的文學獎項，現在是全球化時代，中國要走向世界，世界也要擁抱中國，華僑華人肩負了傳播中華文化的重要使命，文學是傳播中國故事的一個很好的載體和途徑，要讓世界了解中國，同時，海外的遊子也特別想用自己的筆寫中國故事，希望得到中國讀者的認可，華僑華人「中山文學獎」就給了這些作家們一個機會，也激發了海外遊子的寫作熱潮，大家都把華僑華人「中山文學獎」當成自己寫作的目標。從第一屆到現在，獎金越來越高，競爭越來越激烈，作品也越來越多。「我覺得這是個好品牌，團結了全球華人寫作者，同時又能講好中國故事，能推動中國向全球化邁進，我覺得這個獎比一般的文學獎意義更高，因爲這個獎推進了全球華人的寫作，也給世界了解中國提供了很好的方式。」陳瑞琳開心對我講。

　　在現場，我還遇到了新加坡作家尤今，她曾獲首屆「中山杯」華僑文學獎，她稱華僑華人「中山文學獎」是面對世界的文學獎，

有繽紛的面貌，有海納百川的感覺。

與華僑華人「中山文學獎」有很深淵源的海外作家王威也來參加盛會，他參加過首屆「中山杯」華僑文學獎頒獎，他認為，華僑華人「中山文學獎」是把海外華文作家推薦給讀者及各界的重要獎項，首屆「中山杯」華僑文學獎頒獎活動做得像好萊塢電影獎一般，讓眾多海外作家記憶猶新，這個獎項好像有世界性的規模，那種光彩對於海外華文作家而言，很難忘記，華僑華人「中山文學獎」在海外華文作家中具有特殊意義。

第四屆華僑華人「中山文學獎」有十部作品獲獎，其中八部為小說作品，一部詩歌作品，一部散文，這些作品注重家國情懷、民族情懷，弘揚中華傳統文化。其中，陳河長篇小說《甲骨時光》奪得大獎，虹影的長篇小說《米米朵拉》、陳永和的長篇小說《1979年紀事》、林湄的長篇小說《天外》以及中國台灣作家藍博洲的長篇小說《台北戀人》獲優秀作品獎；余澤民的小說《紙魚缸》、陳謙的小說《無窮鏡》、陳九的中篇小說集《挫指柔》、李長聲的散文集《長聲閒話》、王性初的詩集《初心》獲入圍作品獎。

雖然已經是立冬之後，但在頒獎現場，海外華人華僑作家們還是能感受到收穫的喜悅。

剛從外來趕到頒獎駐地的陳河還沒來得吃飯，他那一米七左右的個子，聲音帶磁性，給人一種平易近人之感，對於自己獲得「中山文學獎」，他心裡有說不盡的開心，他說，自己的作品得到認可，本來就是一件開心的事情，「中山文學獎」是規格很高的獎，在海

外華人當中有很高的知名度。

當屆以長篇小說《米米朵拉》獲獎的虹影告訴我，獲華僑華人「中山文學獎」對她而言算是雪中送炭，因她在祖籍國沒有獲過獎，這是對海外文學作者創作的肯定。

從中山發起的華僑文學獎填補了海外華人華僑文學獎的空白，其評獎標準體現了公平公開公正的原則，讓海外作家們感受到了對他們的尊重。

提起「中山杯」華僑華人文學獎，作爲創建者的丘樹宏似有講不完的故事，「當時中山沒有國家級的文化品牌，市委要求有一兩個國家級的文化品牌落地中山，像文學獎之類的。最早我們想直接從北京引進某一個獎項，我到了北京與有關人士商量之後，覺得這樣做不可取，這些都不屬於中山自己的獎項，意義不大，何況還要花費很大的費用。後來我就想，乾脆我們自己創建，去申報。我發現，當時國家有好多文學獎，但卻沒有華僑類的文學獎。中山是著名的僑鄉，在海外有眾多的人群，孫中山曾經說過華僑是革命之母，我們借中山的名義辦一個華僑類的文學獎那該多棒！我當時想了一個概念：「中山杯」華僑文學獎，這既是紀念孫中山，又是中山市的品牌，又是華僑華人品牌，又與全國、以至全球有關，多好呀。可到了中國作協，那時全國都在控制各類獎項，只有減沒有加，半年時間也沒有批下來。」

這個事一直沒有得到落實，丘樹宏心裡總是空空的，他要繼續努力把這件事做成。

後來丘樹宏在深圳遇到中宣部一位領導，他抓住這個難得的機會匯報了想在中山辦華僑文學獎情況。丘樹宏對他講，中國沒有華僑文學獎，以華僑的名義來做，因爲華僑文學是中國文學不可缺少的一部分，也是人類文學不可缺少的一部分，這個獎政府只出一部分資金，更多是從社會上去融資。

　　「他聽到後，直說這是個好項目，回去就特批了給我們。」丘樹宏收到批覆後才長舒了一口氣，成功了！中山終於有在一個國家級獎項在這裡落地了，無盡的歡喜湧心頭。

　　「我們拿到批覆後，就做首屆華僑文學獎，第一屆「中山杯」華僑文學獎頒獎典禮在中山市文化藝術中心舉行，加拿大華裔作家張翎憑藉長篇小説《金山》摘得華僑文學獎特別大獎桂冠，小説類最佳作品獎由嚴歌苓的《小姨多鶴》獲得，獲獎者還有著名的海外華文作家洛夫、劉荒田等。嚴歌苓的《小姨多鶴》後來拍成了電視劇，影響很大，在嚴歌苓的著作中的作者簡介中，她都會提到榮獲「中山杯」華僑文學獎。」而在第二屆，著名作家王朝柱和王興東的《辛亥革命》電視劇、電影文學劇本，一同獲得了大獎，「孫中山文化」的味道越來越濃厚。

　　2、聽這高昂的聲音

　　「孫中山文化」踐行在繼續！各類活動落地有聲，聲聲脆耳，聲聲愉人，每一個落腳處都散播孫中山無限的精神。

　　「繆斯」之音奏響，讓我們聽聽這些高昂優美的聲音。

　　大型交響組歌《孫中山》由丘樹宏作詞，由作曲家劉長安、杜

鳴、姚曉强、姚峰、桑雨等共同作曲，分《序曲》、《日出翠亨》、《偉大理想》、《崇高人格》、《魂繫中華》、《尾聲》6個部分，包括《翠亨村》、《敢爲天下先》、《建國方略》、《三民主義》、《博愛》、《天下爲公》、《中山路》、《中山魂》、《世界潮流》等十個章節，首次以交響組歌的形式集中表現了孫中山的偉大思想、精神、人格和文化，第一次成功塑造了孫中山的音樂形象。

自 2011 年誕生以來，到 2018 年，大型交響組歌《孫中山》已經第 11 次作爲中山市文化交流項目，在廣州、北京、中山、珠海等地及馬來西亞、中國香港、中國台灣巡迴演出，爲增進兩岸同胞以及海內外中華兒女的團結，凝聚振興中華和實現民族偉大復興作出了有益的貢獻。作爲一部廣東省本地原創大型交響組歌作品，大型交響組歌《孫中山》是對作爲廣東省重大題材的孫中山文化，在藝術創作上進行的一次全新突破，掀起了全新的孫中山文化熱潮。

2013 年 7 月 24 日，該作品再度在孫中山家鄉公演。出席海峽兩岸論壇的中國國民黨副主席蔣孝嚴，新黨主席郁慕明，親民黨秘書長秦金生，中華文教經濟發展學會理事長黃建雄，中華民族團結協會理事長夏瀛洲等嘉賓，以及孫中山先生親屬代表孫必達及兒子、孫必勝伉儷，以及港澳和海外有關知名人士、僑領等，與大陸各界人士一起享受了這一場文藝盛宴。「內心有很大的共鳴，自己都很想要能上台去唱一唱。」蔣孝嚴頻頻豎起大拇指誇獎指揮和演員。樂聲輕盈轉動，讓偉人之城更顯婀娜多姿。

2016年的冬季，台北綠枝蒼勁，飛花滿城，顯出一片絢爛之景。

台北孫中山紀念館門外，觀眾就陸續雲集，熱切盼著早早進場，緬懷偉人，感受《孫中山》音樂形象。全面詮釋孫中山思想、精神和文化的《孫中山》在暖冬中牽手台北，開啓爲紀念孫中山先生誕辰 150 周年全球巡演第五站。這是《孫中山》繼廣州、中山、北京、珠海、香港和吉隆坡等地後，首次在台北演出。

　　大型交響組歌《孫中山》演出前，在中山紀念館小會議室舉行記者見面會，節目主創丘樹宏，海基會原董事長、時任「三三會」會長江丙坤先生等參加。「這次演出的亮點是首次給交響主歌音詩的形式，這次交響樂團和合唱團都是大學生，中學生，小學生，這又是一個特點，之前在祖國大陸馬來西亞，香港的演出都是成年人，我接觸過參演的學生，通過演出，能夠更好更深進了解與學習孫中山。」丘樹宏回答記者提問時稱。

　　款款而來的孫中山音樂形象，引領台北觀眾更加多維了解「孫中山文化」。

　　江丙坤先生毫不掩飾自己的激動心情，對於孫中山家鄉的草木、群山、屋舍，他都感覺熟悉無比，他喜歡中山的一切。「重要的一點，孫中山先生的思想，他的文化，他的學說，將來變成兩岸的資產，也是兩岸連結的重要平台，因爲他是兩岸共同敬仰的一位政治家、民族英雄，革命家。」當他談到大型交響組歌《孫中山》演出，以及對孫中山先生思想的繼續，他說了上面這些話。

　　台北孫中山紀念館周圍閃動著孫中山音樂形象，向著四處飛散，美麗四方。

當晚，江丙坤先生從頭到尾觀看完演出，他的內心爲作品力量所感染，散場後，他還留在現場接受採訪，他說，「這幾位歌唱家的表現相當傑出，是一個很成功的演出。兩岸連結最重要的還是文化，是中山先生的理想「天下爲公」，兩岸的和平是大家繼續努力的一個目標，應該堅定這個信心。」

當大型交響組歌《孫中山》的最後一個音符落下，觀眾起立、歡呼，鼓掌聲與喝彩聲持續不斷。大型交響組歌《孫中山》在台北中山紀念館上演，引起台灣社會各界熱烈反響。兩岸藝術家攜手合作，譜寫出文化交流新篇。

台北市建國中學合唱團學生永硯稱，能參加《孫中山》演出是一個非常嶄新的體驗，不僅能跟高水準交響樂團合作，還能在這麼大的場館演出，對他來說是欣喜的事。「我們從歷史上接觸孫中山的東西很有限，只在課本上了解到一些，還有在閱讀課外書中了解一些，通過這次演出，我嘗試著從《孫中山》的歌詞當中了解這位偉人的歷史。」

「創作大型交響組歌《孫中山》還有一個故事。」丘樹宏說。

「我寫大型組歌孫中山，是先寫了《世界潮流》一節，當時還沒有微信，大家聯繫時只有發短訊，我寫完《世界潮流》就發給了在做大型史詩電視劇《辛亥革命》主題歌的王朝柱老師，當天是晚上 11 點鐘發給他的，他回了一個短訊給我，說正在做後期製作，很忙，主題歌我們已經做好了。等到第二天早上 6 點多，我又收到王朝柱老師發來的短訊：我剛剛有時間看，就用你的，原先的不要

了，天造地設，沒有第二首可以了，我們重新做。就這樣，《世界潮流》成了電視劇《辛亥革命》的主題歌，作曲是以《末代皇帝》電影配樂拿到奧斯卡小金人的著名華人音樂家蘇聰，演唱者是著名男中音廖昌永。這樣，我就有信心了，接著一口氣就把組歌寫了下來。」

其實，大型交響組歌《孫中山》的產生，源自丘樹宏對於孫中山先生進行全面立體的了解、全身心的感情投入，以及深入靈魂的理性分析。

2005 年，丘樹宏到牛津大學參加培訓學習，一個月時間，他把從國內帶去的《孫中山》電視劇碟子全部看完。「我對孫中山有了立體了解後，就想到孫中山主題還缺少什麼藝術作品？細想了之後發現少了音樂作品，尤其是交響作品。我就想寫一個大型組歌，讓表現孫中山的藝術作品更加豐富。最早是寫了一首歌詞《世界潮流》，分兩大段，第一段寫孫中山的革命事業，建立共和，第二段是講孫中山的歷史性影響。後來電視劇用的是第一節。」

「孫中山文化」好像春天的雨露一樣滲入老百姓心田，讓老百姓感受到孫中山偉大思想、理論，中山這片曾經滋養孫中山的土地，閃耀無限光芒。中山通過各種載體，讓更多人能體驗，學習、繼承和發揚孫中山精神。

2018 年 8 月 24 日，我在中山市政協見到了中山市孫中山研究會會長楊海，與他約好時間，多年的習慣，他不會遲到的。

「我家離這很近，10 分鐘就能到。」見到我後，楊海會長不時

與我聊。

這間辦公室他用了多年，從 2004 年接任中山市孫中山研究會會長後，他就一直專在這份工作上。他爲我介紹了中山市孫中山研究會的歷程。從 2004 擔任中山市孫中山研究會會長以來，楊海就更加花心思去推廣「孫中山文化」，更深入研究孫中山思想内容。「我做了會長後，才深深體會到，越是深入研究孫中山，就越是感到要重視發揚和傳承孫中山精神。」近年來，中山市孫中山研究會與教育系統一起，就推進中山市孫中山文化普及教育基地做了不少工作，中山市 24 個鎮區都建立了基地，研究會還送書送展進校園、進企業。他認爲以「孫中山文化」概念做事，面更廣了，他希望不單是學術理論文章，還要從影視、音樂、書法等多方面著眼把孫中山偉大精神弘揚出來。

踐行「孫中山文化」中，有一位不得不提到的見證者，他就是蕭潤君。

2018 年 9 月 7 日，在中山日報社一間小會議裡，我見到了應邀到來的孫中山故居紀念館原館長蕭潤君。已經退休的他，依然保持著爽朗的笑聲，文質彬彬的外表無不透露出其學者風範。自1992 年開始，他擔任孫中山故居紀念館館長長達 20 餘年，也見證了改革開放之後孫中山故居紀念館發展變化，保護孫中山故居和館藏文物以及周邊文物環境是他一直致力要做的事。他也是一位「孫中山文化」的踐行者。

眾所周知，孫中山故居紀念館是中山市一張熠熠生輝的城市名

片，紀念館所在地翠亨村是偉人孫中山先生出生與成長的地方，這裡是嶺南傳統鄉村的縮影。翠亨村保存著清末民初以來的歷史、文化、鄉土建築，歷史遺產豐富。爲做好孫中山故居和館藏文物以及周邊文物環境，孫中山故居在 2000 年被評爲國家 4A 級景區的時候，導入 ISO9001 品質管制體系和 ISO4001 環境管理體系保護標準體系，以國際公認的標準實施科學、規範的品質和環境管理，翠亨村 2007 年 6 月被評爲第三批中國歷史文化名村。

與他提起 2008 年中山市委、市政府出台《關於加快推進文化名城建設的意見》中以「孫中山文化」爲首的「八大文化」工程，他就似有說不完的話。

「『孫中山文化』的提出確實有緣由。」

他介紹道，早在 2008 年，中山市委、市政府就出台了《關於進一步加強孫中山研究和資源利用的意見》，在那時，市領導就希望把孫中山資源利用好、保護好，可見領導是很有眼光的。

「2007 年做了『孫中山文化周』，之後市里就開始醞釀，提出了『孫中山文化』爲首的『八大文化』工程。有一次我與時任市委宣傳部部長的市委常委丘樹宏談起，市里提出這『八大文化』，至少有五個都與我的工作有關，例如『孫中山文化』『歷史文化』『民俗文化』『博愛文化』等，當時丘樹宏常委聽了之後補充說：還有個『生態文化』也關你事。」

蕭潤君說到此處，哈哈笑了起來。在他爽朗笑聲之外，更多的是對於「孫中山文化」的熱愛。

他一直在孫中山故居做好孫中山相關資源利用和保護，學術研究。一路走來，帶著高度的負責感，以及堅定的文化自信，踐行「孫中山文化」。

「翠亨村是一個對外的重要視窗，很多人都是從這裡了解中山這座城市，外地客人來中山，不一定都到城區去，但他們會到翠亨村參觀孫中山故居。有一次，我接待了一位來自新疆的客人，他以為這裡就是中山市城區了，看完孫中山故居後感慨地說，中山這座城市不錯，整潔、乾淨，綠樹成蔭。我就對他說，你搞錯了，這不是中山城區，這只是中山一個鎮區的鄉村。」

「我說，等一下讓人帶你到中山城區去看一看。」

改革開放以來，紀念館一直把保護利用好文物及環境作為「中山故居」建設的基點，把紀念館與故居風貌、翠亨村等有機融合。他繼續為我講述保護利用好翠亨村民居資源的故事。

「這項工作起初不被理解，後來逐漸得到人們的認可。有一次，我們從村民手中收購一處房子，那處房子有一幢是在一個空地新建不久的房子，還有一間是舊房子，村民以為我們看中了他那間新建的房，收回之後，我們就把新建的那間拆了，把舊的那間房修好，保護起來，有人就說不知道我們在鼓搗什麼。」

蕭潤君笑著說。

「當時在改革大潮，大家都在追求五光十色新的東西，我們在這裡守著這些灰色調的舊東西，在那個時候，我們所做的工作有點與潮流反著來的感覺。」

蕭潤君說他們的做法不被周邊的人理解，特別是翠亨村村民，他當時曾多次對村民講：將來你們會感謝我的。

在蕭潤君心中有一份對獨特文化的堅定與自信，他認爲這些文化遺存的價值一定會在將來顯現，要堅持文化定力，不能隨波逐流。

孫中山故居紀念館對翠亨村生態農耕保護做了大量工作，從20世紀90年代初開始，該館開始保護孫中山故居附近的民房，從翠亨村村民手裡租用舊民居，並根據嶺南建築的特色和清末民初的社會狀況加以復原、仿建，恢復了當年的陳設，搶救保護了一批清末民居和民俗文物。長期保護文物環境的努力使翠亨村民對中山故居的工作給予了理解和支援，蕭潤君說：「2007年，申報中國歷史文化名村，需要村民簽名認可，當時就有村民帶頭說：我們簽吧，我們現在終於知道故居在鼓搗什麼了。」

村民的一句理解之言，也讓蕭潤君大大釋懷了。

「本館在全國博物館系統率先導入ISO9001品質管制和ISO14001環境管理體系，在我市建設「全國生態示範市」和「中國歷史文化名城」當中，翠亨村生態受到專家的表揚。中山這種做法，給人留下了良好印象，無論是「全國生態示範市」的評審小組，還是「中國歷史文化名城」的評審小組，都留下好的印象。」蕭潤君說。

他對我講，國家文物局一位領導曾說過，孫中山故居紀念館的辦館理念放在全世界任何一個國家都不落後。「我很感慨，地方獨

特的文化才是最重要的，並不一定要跟別人一樣搞什麼高樓大廈，獨特的、本土的就是世界的。」蕭潤君說。

在一次非正式場合裡，他與時任市委書記交流談到，「現在各地城市都在進步與發展，但是，最終一個城市跟別人比拚的不是GDP，而是文化。一座城市要有自己的底蘊，要有自己的文化，中山的文化靠什麼，名山大川我們沒有，我們要靠孫中山。」時任市委書記表示贊許。

蕭潤君對我講，中山這座城市靠什麼？靠名人，這座城市的特色就是名人多，從近代以來，中山出了無數的名人，這是其他城市無法與中山相比，其他城市也有名人，但影響力沒有中山的大，我想這是中山特有的文化所在。

「有一年，我隨中國文化訪問團到莫斯科交流，在活動介紹雙方參加人員時，之前翻譯介紹的各單位的人，俄羅斯方面的人員好像都沒什麼反應，但介紹到我，「這是孫逸仙博物館的館長」時，有幾位俄羅斯方面的人對我點頭微笑致意，當時令我深深地感覺到孫中山在俄羅斯的影響，孫中山在世界的影響。」蕭潤君道。他繼續給我講翠亨村保護與利用的事。

「有這麼好的資源，我們為什麼不利用好呢？翠亨村成功申報中國歷史文化名村的那一天，我與故居管理層的人講，我們努力了這麼多年，翠亨村成功申報中國歷史文化名村，不單是故居的榮譽，也是中山的榮譽。我與他們講，翠亨村成為國家歷史文化名村後，會更加引起各方關注，現在各地的歷史文化名村的開發建設出

現了一些同質現象，你們要記得，在翠亨村的保護與建設上要保持自己的特色，有特色才有生命力，要注意防止「千村一面」，要緊扣孫中山出生與成長的這個主題，別跑偏。」

退了休的蕭潤君有一次回到翠亨村，在村裡遇見一位村民，村民說，「感謝你這些年為我們村歷史文化保護所做的事情。」

「我當時聽了很感動，真心的感謝村民對我這麼多年工作的理解與支持，應該謝謝大家。」蕭潤君說。這裡邊也看得出大家對孫中山的深深的崇敬之情，以及對孫中山文化的認可。

讓時間定格於 2016 年 11 月 11 日上午 10 時，紀念孫中山先生誕辰 150 周年大會在北京人民大會堂隆重舉行。

中央電視台第一套節目頻道直播大會盛況。當直播到 51 分鐘左右，電視螢幕上出現了一張洋面孔，引起了人們的注意，他坐在顯眼的位置上，頭戴著同聲傳譯機。攝影機從遠處慢慢推進，以特寫鏡頭對準洋面孔西裝前襟別著的一枚銀色孫中山徽章。在攝影機鏡頭放大之下，銀色的徽章上「天下為公」的字眼伴著閃亮的光，映出偉人光輝的神韻。

這一枚孫中山徽章一時成了電視機前觀眾的焦點。佩戴這枚孫中山徽章的外國人是孫中山先生孫女孫穗瑛的女婿，中文名叫高文天。

2016 年 11 月 17 日，高文天隨孫中山先生誕辰 150 周年紀念活動全國政協嘉賓團，來到位於南朗翠亨村的孫中山故居。高文天陪夫人林淑真隨著參觀團一起來到中山，感受中山發展，在故居紀

念館，我在參觀人群中發現了高文天，他跟隨故居紀念館講解人員，認真聆聽孫中山先生相關的歷史，對故居紀念館所陳列的歷史圖片非常感興趣，不時指著圖片要翻譯講解歷史故事。他細細參觀孫中山的生平與思想的展覽，有不了解之時，就問身邊的翻譯。

我表達了想要採訪他的意思，他欣然接受。

「在 11 月 11 日紀念孫中山先生誕辰 150 周年大會直播上，我們都見到你，你知道自己上電視了嗎？」通過翻譯，我聽到他的回應，高文天稱知道自己上了電視，一走出北京人民大會堂就有人告訴他了。我問他心情如何？他稱，作為孫家的一份子他感到非常光榮，這次回到中國，就是為了紀念孫中山先生。

高天文對他所佩戴的孫中山徽章的來歷是否了解？高天文稱：「這是中山市政協送給我的一個小小的文化紀念品，有孫中山的頭像在裡面，很有意義。」據高文天介紹，這是他第三次回中山，感覺中山非常好，很開心回到中山，見到了很多變化，也看到了中國的發展，孫家也非常支持中國的發展。

這枚小小的孫中山徽章，承載著緬懷偉人的濃情厚誼。在紀念孫中山先生誕辰 150 周年特別的日子裡，它表達了後人對孫中山先生的崇敬之情，它如陽光般的溫暖灑向中華兒女們的心窩，激勵我們為了更加美好的前景而努力奮鬥。

其實，孫中山徽章是由中山市政協辦公室設計，委託中山一家公司製作的。孫中山徽章材質為現代的鋁合金，以 3D 列印技術製

成，讓徽章增添立體感。徽章中的孫中山像栩栩如生，神采奕奕。頭像底下有「天下爲公」字體，徽章背面還有「孫中山」中英文字體。由於孫中山徽章體積小，佩戴方便，受到不少海外華僑華人的喜歡。當時，孫中山徽章首批製作了 1000 多枚，市政協平時送給政協委員出訪時佩戴。當時選擇的尺寸大小剛好合適，男女老少都可以佩戴。孫中山先生有幾種標準像，這是用了其中一個標準像來做製作藍本。

聽知情人說，中山市政協在北京紀念孫中山先生誕辰 150 周年大會期間，帶上一百多枚孫中山徽章分送給海外華僑華人及孫中山親屬後人，高文天佩戴的就是其中一枚。

如今，中山市政協已經將徽章版本無償贈送給中山故居紀念館。

「孫中山文化」踐行在繼續！讓我們繼續聽聽這高昂的聲音。

丘樹宏曾經說過，要把孫中山的思想、理論、精神繼續發揚，就需要更多的載體，以文化來交流，讓大眾感到親切，更易接近，在潛移默化中受到孫中山精神的影響和薰陶。孫中山徽章就是一份把孫中山的思想、理論、精神活化於日常生活當中的文化紀念品。今後將考慮如何將其推向市場，讓更多人能戴上這枚徽章，更好地了解孫中山。

中山市作爲孫中山先生的故鄉，對外交往頻繁。2016 年 3 月 7 日，中山市政協孫中山文化交流基地辦公室牽頭舉辦孫中山文化紀念品創意策劃沙龍，召集有關單位和文化產業企業等代表，策劃如

何打造孫中山或孫中山文化相關的城市文化禮品、吉祥物等。2016年8月，市政協委員學堂、市旅遊局、中山市華人禮服有限公司又聯合開展「華人禮服杯」孫中山文化、旅遊紀念品徵集交流展示活動。在推動「孫中山文化」過程當中，載體很重要。

活化、物化「孫中山文化」的活動日漸增多，而很有紀念性的就是藉紀念孫中山先生誕辰 150 周年之際開展「華人禮服杯」孫中山文化紀念品徵集展示交流活動。活動自 2016 年 8 月 20 日啓動，9 月 23 日上午，已收到 30 多家單位（含個人），100 多件文化紀念品。主辦方在中山市華人禮服有限公司舉行開展儀式。孫中山曾侄孫孫必勝先生伉儷及參展單位代表等參加。

展出的當天，中山華人禮服有限公司吸引了很多人，「3D 列印光敏樹脂孫文模型」、紅木雕像「東方偉人——孫中山」、篆刻「天下爲公」「博愛」，還能見到有中山裝、雕塑、郵票、茶、郵冊、鎮紙、懷錶、燈具、紅木雕像、沉香、酒、陶藝、絲綢、玉雕、卷軸、紅木工藝品、圖書、影視作品等幾十種類型，既有傳統手工藝紀念品，也有貼近消費者需求的實用性紀念品，造型新穎、美觀、藝術性強，把新材料、新工藝結合起來，很具開發生產和市場前景。國際著名設計師、天天向上設計顧問創作總監洪衛也送來了工藝品作品參展。

丘樹宏在開展儀式上表示，一直以來，孫中山學術理論研究方面做得不錯，但我們還要把孫中山的思想、理論、精神繼續發揚，就需要更多的載體，以文化來交流更易爲各界接受。中山市 2007

年提出「孫中山文化」概念後，社會各界積極主動爲擦亮孫中山文化品牌出力，使孫中山文化基因得以進一步啓動。當然，還要把孫中山文化落到實處，以精神物化創新孫中山文化交流載體。物化最早是一個哲學範疇的用語，戰國時期哲學家莊子提出的一種泯除事物差別、彼此同化的境界，達到天人合一，物我兩忘，這是哲學範疇，而要更好地落到實處，就要依靠做到生活層面的精神物化。我們要把一些思想、理論、品質等精神層面的形態物化到具像、形式中去，這樣才能從感性層面讓更衆多更廣泛的受眾接受這種品質，讓大眾感到親切，更易接近，在潛移默化中受到影響、得到薰陶。這樣做還有利於促進文化產業和產業文化發展。

2018 年 9 月 3 日，中山路與銀通街交匯之地與平日一樣車水馬龍，推開華人禮服有限公司的大門，就見到客人在挑選中山裝。

「現在還有一些展品作者還沒拿回去，想留在這裡展示。」陳福星是中山華人禮服有限公司總經理，也是中山市孫中山研究會理事。三天前，他剛從 2018 哈爾濱國際馬拉松現場回來，他一直推廣「孫中山文化」，他在 2018 哈爾濱國際馬拉松就穿上中山裝參加馬拉松活動。

穿著中山裝跑馬拉松？有些不可思議。

他拿出手機，翻開像冊，展示他穿著中山裝跑馬拉松的樣子，上衣和褲子一套紅色的中山裝，筆直的身腰，多了幾分帥氣。

「穿著中山裝跑馬拉松，能跑得快嗎？」我問他。

「我改良了料子，用了有彈性的布料來做，這樣會好些。」陳

福星答我。

他與另一位愛好跑步運動的朋友一起穿上中山裝在 2018 哈爾濱國際馬拉松賽場上亮相，「當時好多人關注我們，不停要與我們拍照。」

陳福星對我說，這已經是他第三次穿上中山裝參加馬拉松了，之前中山、廣州馬拉松都有參加，他希望通過這種形式讓更多人來認識中山裝，了解「孫中山文化」，了解中山這座城市的人文。

他爲我講起「華人禮服杯」孫中山文化紀念品徵集展覽交流活動展示前一晚的情景。

「明天就要開展了，你們加快點速度。」

陳福星一邊佈展一邊提醒員工加快速度，這個展覽時間緊任務重，一定要抓好進度。他正移動一個紅木的孫中山雕像就聽到員工在叫他。

「陳總，有人送物件來了」。

陳福星見到一個男人拿著幾個盒子推門而進。

「我們徵集物件截止的時間過了。」他對來人說。

進來的男子說，「我們是從古鎮過來的，路比較遠，我們的產品是孫中山元素的燈飾。」

陳福星沒想到這麼晚還有人把物件送來，截止的時間過了，收還是不收呢？

他想了想，見到這麼多人都在爲「孫中山文化」做事，他們有這份心，也要破例了，陳福星就讓員工把燈飾物件接收登記好。

殊不知，接下來還有人送來孫中山元素的物件，「故居、博愛名城都送了物件過來，讓我們當晚手忙腳亂的，那天晚上我們邊布展邊接受物件，做到很晚才能下班。」

提起當時的情景，陳福星記憶猶新。

不過，陳福星心想到有這麼多人支持孫中山文化，心裡也就亮堂了。陳福星說，華人禮服最近也和北京世界園藝博覽會協調局達成合作。成為 2019 年中國北京世界園藝博覽會指定服裝供應官，博覽會目前已有 100 個國家報名參加，北京世界園藝博覽會於 2019 年 4 月 29 日至 2019 年 10 月 7 日舉辦，博覽會舉辦期間華人禮服有獨立展位，去向世界友人推廣中國中山裝，推廣「孫中山文化」。

2015 年 7 月，偉人之城鳳凰木搖曳，似歡迎的客人到來。

為做好紀念孫中山先生誕辰 150 周年各項工作，2015 年 8 月 13 日，廣東省政協主席王榮率領的考察團一行，在時任廣東省政協原黨組副書記、副主席湯炳權，時任中山市委副書記、市長陳良賢，中山市政協主席丘樹宏等的陪同下到孫中山故居紀念館考察。王榮認真聽取了該館在孫中山故居及其周圍環境保護的理念、措施及成果，以及紀念孫中山誕辰 150 周年的工作目標和計劃等情況的詳細介紹。

王榮表示，這一次省政協專門來中山考察，其中一個重要內容就是瞻仰孫中山故居。他認為，孫中山先生畢生追求的「振興中華」的理想給我們留下了寶貴的精神財富，紀念孫中山誕辰 150 周年，

一定要與中國的改革開放結合起來，與實現中華民族偉大復興的中國夢結合起來，既要發掘孫中山精神的歷史意義，更要充分體現它的現實意義和未來意義。

中山市按照中央和省的統一部署，以「緬懷孫中山，共築中國夢」爲主題，以「發展是最好的紀念、創新是最好的繼承」爲指導思想來統領紀念活動的各項工作、謀劃組織各項紀念活動。與全國、省的活動相呼應、相對接，通過紀念活動，振奮中山人的精神，增強中山人的責任感和使命感；擴大中山市海內外影響，進一步凝聚海內外華僑華人和中山鄉親的力量，提升偉人故里形象和軟實力；動員全市幹部群眾按照中央和省的部署，力爭實現到 2017 年率先全面建成小康社會、到 2020 年邁進全省經濟發展第二梯隊的「兩步走」戰略目標，走好中山路，共圓中國夢。據此，市委部署實施「六・十・六・十」系列工程，即：六大紀念活動（含國家部門、廣東省在中山舉辦的活動）、十大文化活動、六大建設項目、十大民生實事，全市大小項目 150 個。同時，成立「孫中山先生誕辰 150 周年紀念活動籌備工作領導小組」，市委書記和市長親任組長，切實加強對系列活動的統籌協調和組織領導。

菊香悅人，小欖盛會。中山每到小欖菊花會，總有一處悠然去處讓你感受花的嬌俏。

小欖鎮素有「菊城」美譽，輝煌燦爛的菊花文化與小欖共同穿越了 800 餘年的歷史。菊花會向來就是小欖的傳統民間盛會，每六十年一大展，每十年一中展，賡續相傳，綿延至今。

爲紀念孫中山誕辰 150 周年，2016 年小欖菊花會於 11 月 19 日至 12 月 11 日在中山市小欖鎮民安北路小欖菊花園舉行。菊花會以「博愛中山，魅力小欖」爲主題，以孫中山「革命活動足跡」和「興中、博愛」爲主線，通過菊藝造景、多元文化展演及多元文體活動等方式，發揚孫中山先生的愛國思想、革命意志和進取精神，實現菊花文化與革命文化、傳統文化、美食文化、現代科技等元素的多元融合。

　　2016 年 6 月 30 日上午，紀念孫中山誕辰 150 周年全媒體活動暨大型紀錄片《尋夢——海外華僑華人與孫中山》在孫中山故居紀念館內舉行開機儀式。據了解，《尋夢——海外華僑華人與孫中山》將著重追尋孫中山與海外華僑華人的深情厚緣，跟隨特定線索人物重訪孫中山先生一生光輝足跡的重要節點，紀錄片包括有「開啓民智」「締造共和」「浴血救國」「實業興邦」「復興之路」5 集，每集時長 30 分鐘，配有國際聲道及中英文字幕。據該劇的總編導周欣欣介紹，本片將立足於點滴微觀小事，還原真實的孫中山，力求塑造「有溫度的歷史，可觸摸的人物」。

　　「五桂山下，蘭溪河畔，原野飄香，宛若天堂，翠亨村曉，醒來的阡陌上，走過來一個人，我們的孫中山……」翠亨走出一位孫中山，他將中華大地瞬間鍍亮。

　　而今，孫中山故居已是中山最顯著的名片和標籤。然而對比湖南韶山、四川廣安、浙江奉化等城市對毛澤東、鄧小平等偉（名）人文化資源的開發和利用，中山對孫中山及其文化資源的發掘和

利用則顯得距離比較遠。這些年來，關於孫中山故居周邊環境經營混亂的消息屢見報端。2014 年 12 月，孫中山故居門前停車難、過路難、候車難的三大交通難題經媒體曝光後，時任市委書記做出批示，政府 18 個部門聯合整治，情況一度好轉。可是，半年後的 2015 年，有些問題不僅沒有得到改善，反而變本加厲，故居的窗口形象再次受到嚴重影響。

在孫中山誕辰 150 周年來臨前，爲擦亮這塊「金字招牌」，市政府正式將孫中山故居創建 5A 級景區提上日程。2015 年 10 月，市旅遊局編制中山市「十三五」旅遊發展規劃，孫中山故居創建國家 5A 級景區工作被列入該規劃的三年行動計劃中。

這一項重要決策背後，有著中山市政協濃厚的身影。

在 2015 年政協委員與市長協商座談會上，市政協公佈了歷時近兩年打造的《關於孫中山文化旅遊資源發掘整合提升利用的研究報告》，指出雖然每年故居遊客接待量在 150 萬人次，然而「大部分遊客只是去珠海的路上順帶看看」。如果以圍牆爲界來分析可以發現：在圍牆內，孫中山故居紀念館取得的成就絲毫不落後於他人；然而與圍牆內的榮譽形成巨大反差的是圍牆外整體利用和綜合開發方面存在的不足乃至混亂。市政協的材料還指出，在三大偉人故居中，孫中山故居是最早的國家 4A 景區，但其他兩家早就是 5A 了，而我們卻還是 4A。

這引起了出席會議的時任市長陳良賢的強烈震撼，他即時表態：「看到中山在發掘利用孫中山文化資源方面，與其他城市之間

存在的差距，自己深受震撼。市政府將下定決心，積極推進翠亨村創建「國家 5A 級旅遊風景區」。從 2016 年起，每年從財政的基礎建設資金中拿出部分專門用於支援孫中山故居及翠亨村建設。「以盈利為目的」，以發展旅遊為目標，很難做好孫中山文化資源的保護和發掘，也永遠算不清支出和回報這筆賬。翠亨村創建國家 5A 級旅遊風景區，不一定完全照搬別人走「高大上」的路線，以務實、低調、有品位的思路來發掘翠亨村的文化資源，開展建設工作，更符合中山人的性格。在開展建設之前，要進行「科學規劃、嚴控規劃、嚴謹規劃，抓好景區內配套建設，進行整體提升。」

2015 年 9 月 16 日下午，陳良賢率隊到南朗鎮調研孫中山故居旅遊區創建 5A 景區籌備工作，並為解決實際問題舉行座談會現場辦公。「故居旅遊區創建 5A 景區，不僅是對偉人文化的傳承，更是產業結構調整和城市轉型升級的需要。」聽取匯報後，陳良賢充分肯定故居旅遊區創建 5A 景區的各項前期籌備工作。他強調，創建工作要結合實際，科學規劃，注重內涵和品牌。在原有項目基礎上整合資源，抓住關鍵，扎實統籌推進。

2016 年 3 月，陳良賢赴任汕頭市委書記。「他在離開中山最後一個會議就是要推進孫中山故居旅遊區創建 5A 景區會議。」丘樹宏對我講。

2016 年 4 月 28 日，剛到中山擔任中山市委副書記、代市長焦蘭生，第一時間安排到南朗鎮調研，重點視察孫中山故里旅遊區創建國家 5A 級旅遊景區工作，並聽取了相關部門和承建方的匯報。

他強調，創建工作必須在 9 月 30 日前按時完成，任務艱巨，時間緊迫。各級各部門要全力配合，爲順利施工創造條件；施工單位要科學施工，堅持精工細作，高品質把工程完成好。丘樹宏說：「當時焦市長到了中山第三天，就問我中山現在最急著做的重要事情是哪一件時？我就說是孫中山故里旅遊區創建國家 5A 級旅遊景區建設工作。」

2016 年 4 月 28 日那天，焦蘭生在聽取了南朗鎮、市旅遊局和承建單位的匯報後，就要求各級各部門按照完工日期倒排工期，制定節點工作計劃，便於監督工程進度。「這個工作計劃也要給我一份，」他說，「今後我們也會經常來督促。」同時他要求建設過程中工作要做到「細而又細」，不放棄任何一個盲點、不小看標牌上一個字母。除了基礎設施建設要做好外，也要注重中山影視城、故居紀念館等景點內部的改造，儘量做到完美，以迎接在孫中山先生誕辰 150 周年紀念日前後來訪的海內外遊客。

2016 年 11 月 4 日上午，國家旅遊局召開 2016 年新晉升 5A 級景區負責人座談會，並爲新晉升的 5A 級景區授牌。廣東省中山市孫中山故里旅遊區榮獲了 5A 級旅遊景區。

「孫中山文化」落地的最好體現就是一件件有聲有色的實事。

2007 年迄今，十年如一日，中山市委、市政府執著于「孫中山文化」的城市命題與國家命題交流推廣，以及中山名片與中國名片的塑造。歷任市委、市政府主要領導以及市四套班子領導成員，他們無一不是孫中山文化不遺餘力的推動者、宣導者與實踐者！還

有眾多沒有點出名字的參與者在實踐著……

數一數，在推動「孫中山文化」背景下，中山一幕幕的精彩場景如珍珠串起，閃亮發光。

2010 年 12 月 30 日，在孫文紀念公園孫中山先生的雕塑下，中央電視台「我們的節日‧春節——中華長歌行」節目啟動了開機儀式，這標誌著「我們的節日‧春節——中華長歌行」在中山半個月的拍攝工作正式開始。

2011 年，中山把握紀念辛亥革命 100 周年的歷史機遇，提出整合東部沿海資源，以孫中山文化為引領建設翠亨新區的設想。

2011 年 9 月 7 日，由中央民革宣傳部、廣東省政協、民革廣東省委和中山市委、市政府共同主辦的「翠亨論壇」，內地與港澳台 150 多名孫中山研究方面專家學者匯聚中山。

2011 年 10 月 9 日，首屆孫中山文化節舉行，由中宣部特批的「情繫中山——中央電視台『心連心』藝術團慰問中山僑鄉大型文藝演出」在中山興中體育場傾情演出。

2012 年，以大型交響組歌《孫中山》海外演出為媒，組團成功出訪馬來西亞，代表中山市政府與馬來西亞檳城州首府喬治市簽署了兩市友好合作備忘錄，與馬來西亞中華大會堂總會簽署孫中山文化交流合作意向書。

2013 年，組團赴美出席孫眉銅像在夏威夷的落成典禮和孫家後裔大聚會，聯絡、促進了孫中山先生親屬、後裔與中山的鄉情維繫，增進了與海外僑胞的聯誼。

2013 年，廣東省政協組成了由時任省政協黨組副書記、副主席梁偉發爲顧問的調研組，多次赴中山市以座談交流和實地考察的方式進行專題調研，在廣州召開省直有關部門及中山市有關單位領導參加的系列專題會議，經過近半年的努力，組織調研組開赴中山，形成了《以文化爲引領高起點建設翠亨新區的調研報告》。

2014 年，孫中山先生誕辰 148 周年暨人民政協成立 65 周年，爲更好地研究、弘揚孫中山文化，市政協辦公室與孫中山研究會聯合開展「孫中山文化專題徵文」活動，對外公開徵集文章。

2014 年 10 月 9 日下午，受市委、市政府委託，市政協主席丘樹宏帶隊赴京，就紀念孫中山誕辰 150 周年等事宜拜會全國政協和民革中央領導。全國政協副主席、民革中央常務副主席齊續春等於次日接見丘樹宏一行。齊續春表示大力支持，並做出了重要指示，提出了一系列意見和建議。

2015 年 11 月 11 日，民革中央孫中山研究會聯合人民政協報、中山市政協在北京舉行了紀念孫中山誕辰 149 周年暨孫中山文化專題研討會，全國人大常委會原副委員長、民革中央原主席周鐵農全程親臨出席，並在總結講話中明確贊成「孫中山文化」的提法，認爲孫中山文化概念的提出是有依據的，是有道理的。

2015 年 11 月 8 日，中國人民政治協商會議第十二屆全國委員會常務委員會決定：屆時舉行隆重的孫中山誕辰 150 周年紀念活動。

2016 年，爲紀念孫中山先生誕辰 150 周年，重溫孫中山的鐵路夢，中山市政協舉辦「鐵路夢·中國夢——孫中山文化高鐵行」大

型人文活動，交流團從孫中山故鄉廣東中山市翠亨村出發，搭乘高鐵先後走進廣州、南京、上海，以及長沙、武漢、北京等 6 座城市。

2016 年，孫中山故里旅遊區創建 5A 級景區成功。孫中山故居 5A 級旅遊景區進入國家視野，翠亨新區進入國家視野，深中通道進入國家視野。

2016 年，爲了紀念孫中山先生誕辰 150 周年，孫中山故居紀念館開展建設全球第一個孫中山主題郵票展覽廳，展示近百年來國內外發行的孫中山主題郵票、郵品等。

2016 年 12 月 14 日，由民革中央孫中山研究學會、中山市政協聯合舉辦的「孫中山振興中華的理想與中國夢」學術研討會在中山召開。

2017 年 11 月 8 日，在中山市榮獲聯合國人居獎 20 周年之際，「大灣區時代：城市人居與人文」發展論壇在中山市會議中心舉行。論壇邀請了當今城市規劃建設的重量級專家學者俞孔堅、劉士林、馬向明等，爲中山人居建設再出發建言獻策、開方支招，「更注重文化底蘊、人文魅力塑造的人居城市，將在大灣區城市群中更具活力競爭力」成爲了論壇的焦點和共識。

2018 年，在孫中山先生誕辰 152 周年期間，中山市政協啓動「孫中山文化」交流合作十周年系列活動：拍攝專題片《一位偉人與一座城市》、推出紀實文學《國家命題》、編撰出版《和》雜誌孫中山文化十周年特刊、2019 年翠亨新年音樂會、舉辦孫中山文化基地揭牌儀式暨「從孔夫子到孫中山」文藝演出、中山市技師學院孫

中山語萃園揭牌暨孫中山文化教育普及基地掛牌、孫中山題材系列電視作品展播、舉辦孫穗瑛、孫穗華、孫嘉瑜捐贈家藏精品展、中山裝文化巡展首展、電子科大中山學院「一位偉人與一座城市」大型講座和 5000 多名師學合唱《我們的孫中山》、第五屆中國翠亨海峽兩岸藝術家美術作品交流展暨國際知名水墨畫大師李奇茂美術館開館揭牌儀式等等。……

中國社會科學院發佈的《2014 年中國文化城市競爭力報告》顯示，中山市綜合的文化競爭力排到全國第 31 位。孫中山已是一張「響噹噹」的城市品牌，但坐擁歷史名人等文化富礦而利用不足，在歷史遺跡的保護開發、孫中山文化城市名片的打造、城市規劃建設的文化品位、文化產業發展等方面存在薄弱環節，影響了整體文化競爭力的提升。

文化，一座城市的靈魂，一個國家的靈魂。文化更是一座城市與國家競爭的王牌！

【第三章】國家命題

「好多好多的一條路啊／有多少城市／就有多少你／好多好多的一條路啊／有多少你／就有多少城市／／好長好長的一條路啊／見證了滄桑／走過了風雨／好長好長的一條路啊／每走一步，都是一部歷史／／好寬好寬的一條路啊／連接著未來／連接著過去／好美好美的一條路啊／每走一段，都走向新天地／／你是城市的血脈

喲／你是中國的記憶／你是城市的家譜喲／你是中國的奇跡／你是城市的追求喲／你是中國的意志／你是城市的驕傲喲／你是中國的希冀……」——大型交響組歌《孫中山・中山路》

1、中國的希冀

世紀偉人孫中山是中國的，也是世界的。「孫中山文化」是中山市的，也是廣東省的，還是全中國的，也是世界的。

樂章奏響，嫋嫋上升。

100多年前，孫中山第一次提出了「振興中華」的口號，這是「中國夢」最早的雛形。因此可以説，中山市是中國最早醖釀「中國夢」的地方。

改革開放後，中山從一個農業小縣，建設成爲一個現代化城市，走出了一條經濟、政治、文化、社會和生態建設「五位一體」全面、協調、可持續發展的路子，創造了「中山奇跡」和「中山模式」，在2017年全面實現小康。因此又可以説，中山是離「中國夢」最近的地方。孫中山文化與改革開放的現實相吻合；孫中山思想與當代中國政治理念相吻合；弘揚「孫中山文化」，構建中華民族共有的精神家園……

當2003年廣東省提出建設文化大省的時候，中山市並没有簡單跟風立即提出自己的文化發展戰略，而是結合當時自身創建全國第一批文明城市這一重要實際，進行新時期中山人精神大討論，挖

掘推介「香山文化」，同時逐步加強文化設施硬體建設，投資 6 億多元的中山文化藝術中心就是那個時候建成的。等到條件比較具備了，中山人則開始主動自覺地開始從戰略上思考和部署文化建設。2007 年第一次提出文化名城建設戰略，開始實施「八大文化」工程。中山重視從社會主義核心價值體系高處部署，更重視將核心價值體系落到本土和實處——「文化落地」。

蕭潤君對我說過，翠亨村與「孫中山文化」都不是孤立的，它們有著千絲萬縷的聯繫。他覺得，與孫中山相關的東西都是國家命題。

隨著 2008 年「孫中山文化」概念的提出，成爲了中山城市的核心文化形象，第一文化名片。2011 年廣東省的《政府工作報告》明確提出要弘揚孫中山文化。《廣東省建設文化强省規劃綱要》明確將「孫中山文化節」列爲全省重點文化項目。

「孫中山文化」從中山走出，走向全省，走向全國。

在 2018 年廣東省兩會上，丘樹宏提交了一份與孫中山文化有關的提案《關於粵港澳大灣區要注重人文價值鏈的發掘、融合與利用的建議》，他提到，「孫中山文化」應該是粵港澳大灣區的橋樑和紐帶，是旗幟和品牌。因此建議：一、由廣東省政府牽頭，聯合港澳地區建立粵港澳大灣區文化交流合作機制，在廣東省粵港澳大灣區建設發展領導小組或省宣傳文化部門設立文化交流合作專項小組，並建立 11 個城市文化交流合作專項聯席會議制度。二、在孫中山家鄉中山市成立「粵港澳大灣區孫中山文化交流中心」，負責

大灣區「孫中山文化」交流的聯絡協調，並引申到所有的人文交流工作。三、11個城市各自相應成立專責小組與當地名人文化交流機構，專門負責大灣區文化交流合作事項，包括結合當地人文與「孫中山文化」交流中心相呼應、相連接。四、全方位開展大灣區文化交流合作，包括以孫中山文化爲重要載體和媒介，配合「一帶一路」倡議，開展與國內外的文化交流與合作。五、大灣區及其各城市結合珠江文化、嶺南文化、海洋文化、華僑文化、近代文化，以及廣府文化、客家文化、潮汕文化，以及新舊時代的移民文化，全方位開展交流與合作。六、積極爭取「孫中山文化」上升爲國家命題和國家戰略，從國家層面支持和推進以「孫中山文化」爲重要媒介的粵港澳大灣區城市之間、以至大灣區與全世界的文化交流與合作。七、粵港澳大灣區的文化交流合作，應該包括官方的和民間的、行政協調的和市場運作的，充分發動社會各界力量一同組織和參與。總之，在粵港澳大灣區發展戰略和各項工作安排中，我們要將文化交流和合作列入重要的規劃之中，要將「孫中山文化」作爲最重要的文化品牌來安排部署，並將它作爲11個城市共同的人文價值鏈，作爲利益追求大的公約數，打造成最具競力的文化軟實力，從而推進和保障大灣區戰略的全面實施，提升大灣區發展的戰略地位和意義，爲實現中華民族偉大復興的中國夢，作出粵港澳大灣區城市群應有的貢獻。

　　北京，春之聲在迴響，全國政協第十三屆一次會議開幕當天晚上，全國政協委員，中山海外聯誼會名譽會長蔡冠深在華彬費爾蒙

酒店接受了採訪，蔡冠深祖籍中山，對博大精深的中華文化情有獨鍾，熱心家鄉公益事業，多年來，一直推動「孫中山文化」前行。

蔡冠深表示，近兩年大家一直在提粵港澳大灣區的建設發展，但是粵港澳突出的人文價值鏈卻一直沒有引起大家的注意。粵港澳大灣區 11 個城市無論在人口、語言，還是嶺南文化方面都具有高度的統一性。這種人文元素，將是大灣區交流合作最重要的無形力量。蔡冠深說：「孫中山文化將會成為粵港澳大灣區發展新的切入點，我先說人文，民心相通最重要的是文化，我們孫中山既然有文化這塊牌子，我也希望引申到經濟發展方面也能相結合，更重要一點是怎樣凝聚大家的心在一起，一定要靠文化才行。」蔡冠深希望可以在孫中山故鄉中山市，成立粵港澳大灣區孫中山文化交流中心，11 個城市各自相應成立專責小組與當地名人文化交流機制，專門負責大灣區孫中山文化交流和聯絡，通過文化交流，推動經濟交流。

早在 2017 年，他參加全國政協十二次五次會議就提過《建議將孫中山先生家鄉列為國家文化發展戰略重點城市》的提案。

蔡冠深說，孫中山先生是一個偉大的革命先行者，而他本人和他的精神，更是被全球的華人華僑所熟知及認可，通過弘揚他的精神，來凝聚全球華人華僑。而弘揚孫中山精神的落地點，在他的家鄉。孫中山先生的家鄉中山，是全國唯一以偉人命名的城市，善用孫中山和中山市文化資源，以完成祖國統一大業，推進「一帶一路」倡議，建設全球華僑華人共有精神家園，實現民族偉大復興的「中

國夢」，是廣東乃至國家的重大課題。目前，孫中山文化及其故鄉的偉人效應還未能全面發揮。也在提案中建議將孫中山文化的研究和推廣提升爲國家命題，因爲孫中山文化屬於全人類，在「一帶一路」倡議中，迫切希望得到中央和國家層面的政策支持，推動「孫中山文化工程」上升爲國家的重要文化項目和行動。

在同一場合，我還見到了全國政協委員施維雄，他也認爲，推動孫中山文化上升爲國家命題和國家戰略，從國家層面上支持和推進以孫中山文化爲重要媒介的粵港澳大灣區城市之間的交流和合作：「孫中山的文化影響很深遠，不僅中山人、全世界人都認識孫中山，第一可以繼續弘揚孫中山，第二爲中山人爭取一些優惠和利益，爲中山經濟和以後的發展有所幫助。」

祖籍中山三鄉的全國政協委員、中山海外聯誼會名譽會長、澳門鄉親張裕建議，打造人文價值鏈串起灣區城市群：「以孫中山先生或者其他名人作爲一個效應向世界推廣，首先向港澳推廣和內地其他省市推廣，向世界推廣我想是綜合性的計畫去作出一個推廣。」

尋找「孫中山文化」命題的建樹歷程，一個個節點留下了中山人堅實的足跡。

丘樹宏說，文化是城市品牌的靈魂和核心。廣東文化的核心是近代文化，而孫中山文化則是近代文化之魂，是中國近代史的代表。「孫中山文化」這個概念，相對中性，做起來就更加方便。更重要是把它作爲民族文化遺產對待，像孔子文化一樣，都是國家文

化遺産，這就站得更遠。用文化來做，可以借助於各種成果來展開文化交流合作，文化交流合作可以走出純政治，意識形態，純學術各種形態，讓其走向民間，走向社會，走向老百姓。可以突破國界，可以突破純學術局限，走向全人類。

南海，見證了阡陌桑田的變遷，那縱橫的水系，繞山而行，那五桂飄香，順風而走，中華民族的傳承之歌從不間斷。

2017年，丘樹宏撰寫了一篇「從孔夫子到孫中山」。文章不長，但意義不凡。

他在文中詳盡闡述了中華傳統文化傳承的標誌性脈絡——

2016年11月11日，習近平總書記在孫中山先生誕辰150周年紀念大會上的講話中指出：「孫中山先生是偉大的民族英雄、偉大的愛國主義者、中國民主革命的偉大先驅，一生以革命為己任，立志救國救民，為中華民族作出了彪炳史冊的貢獻。」

用「三個偉大」評價孫中山先生，由此可見孫中山先生的崇高地位。「三個偉大」其實也是延續著從毛澤東開始，到鄧小平、江澤民、胡錦濤等領導人代表中國共產黨對孫中山的高度評價，包括黨的十五大報告第一次用了「二十世紀的三大偉人孫中山、毛澤東和鄧小平」這樣的表述。

以上這些，主要都是從政治的角度來評價孫中山的，社會各界都理解和領會得很清楚、很透徹。

然而，對於毛澤東和習近平這兩代黨和國家的最高領導人，都用了同樣的句式「從孔夫子到孫中山」來論述孫中山，各界卻重視

和研究得很不夠，甚至有些忽視了。

毛澤東、習近平這是從文化的角度評價孫中山的，但它與政治上的評價同樣重要。可以說，有政治上的評價，加上文化上的評價，才是對孫中山的全面評價，我們才能真正看到和了解一個完全意義上的孫中山。

「從孔夫子到孫中山」，可以從以下方面來理解和詮釋。

「從孔夫子到孫中山」，是指孔子所代表的中國文化和中國思想的古代傳統，孫中山則是中國文化和中國思想現代傳統的代表；繼承「從孔夫子到孫中山」，也應該包括總結和繼承中國文化和中國思想的古代傳統和現代傳統。另外，這裡所說的「從孔夫子到孫中山」中的「孫中山」，還兼具兩層含義：一個是指偉大的民族英雄、偉大的愛國主義者、中國民主革命的偉大先驅孫中山，這是政治文化的層面；另一個是指孫中山所代表的中國文化和中國思想的新傳統，這是歷史文化的層面。

「孔夫子」與「孫中山」，實際上包含了中國文化與中國思想新舊兩種傳統。毛澤東和習近平在談到繼承中國文化和中國思想的傳統時，都強調要總結和傳承「從孔夫子到孫中山」的「珍貴的遺產」，「汲取其中積極的養分」。「從孔夫子到孫中山」中的「孫中山」，從第一層含義中又昇華出第二層含義，即他既是中華傳統文明的現代繼承者，又是中國文化和中國思想的現代傳統代表者。從這個角度上講，孫中山的的特殊性和重要性更為突出。

「孔夫子」與「孫中山」雖然內涵和外延都有不同，但其間存

有著歷史的必然聯繫，存在著一脈相承的經絡。這種歷史的聯繫，這種一脈相承的東西，就是中華傳統文化古往今來的延續與發展。在這個延續與發展中，有變化，有改進，還有對傳統的革新。「孔夫子」與「孫中山」，一個代表「古代的中國」，一個代表「現代的中國」。「從孔夫子到孫中山」，兩段歷史、兩個偉人、兩種文化，生動而全面地體現了這一歷史的經脈聯繫。這種聯繫雖然由於時代的不同、階段的區別，而塗上了不一樣的色彩，卻又是始終有機而緊密地地聯繫在一起的。它是一個不可分割的血肉與靈魂完美融合的一個整體。

「從孔夫子到孫中山」，包括了中國文化和中國思想的古代傳統和現代傳統兩個方面，因此，發掘、傳承「從孔夫子到孫中山」，也應當包括總結和傳承中國文化和中國思想的古代傳統和現代傳統。只強調繼承中國文化和中國思想的古代傳統，而不顧及繼承中國文化和中國思想的現代傳統，不發掘兩者之間的內在淵源，弘揚其作為以一個整體呈現的中國文明，那都是片面的、不科學的。

還必須指出的是，「從孔夫子到孫中山」，雖然表述的是兩個時代、兩段歷史、兩位偉人，然而兩個人所代表的的文化非但絕不是各自獨立的，反而是一個不可分割的血肉與靈魂完美融合的一個整體。它們一脈相承、前後連貫、互為彰顯。因為孫中山也有著極為豐富的中華傳統文化的底色和蘊含，在這個優秀傳統的基礎上，孫中山生髮和創造了一種順應歷史潮流和世界潮流的現代文化，從而使兩者神奇融合，構成了博大精深、源遠流長、生生不息的偉大

的中華文明。

「從孔夫子到孫中山」的論述，首先從文化的維度補充和完善了孫中山的形象及其作用，或者說是從更高的層面提升了孫中山的重要地位，這樣也就為如何進一步研究孫中山，更好地發掘、傳承和弘揚孫中山的思想和精神，更好地利用孫中山及其思想、精神為現實和未來服務，打開了一個新的視窗，提供了一條新的途徑，開闢了一片新的天地。

這，就是「孫中山文化」。

2007 年，孫中山家鄉中山市首倡「孫中山文化」概念，在文化名城建設戰略中全面實施「孫中山文化工程」。

孫中山既是一個政治符號，也是一個精神符號、文化符號，孫中山既為我們留下了重要的政治遺產，也為我們留下了寶貴的精神遺產和文化遺產。為此，「孫中山文化」這個嶄新的概念才應運而生。

「孫中山文化」應該包括孫中山的政治思想與理論體系、經濟思想與社會主張、軍事思想與戰略戰術，以及以上三個方面所蘊含的文化元素，更包括孫中山的文化思想、文化成果和人文遺產。「孫中山文化」的特質是，它是中國近代文化的靈魂，既領導和印證了近代中國甚至世界的文明進程，還將繼續印證和引領當代中國和世界的文明走向。前者是它的歷史意義，後者是它的現實意義和未來意義，具有厚重的世界性、人類性價值。

值得特別指出的是，孫中山文化與社會主義核心價值觀也是高

度一致的。

「孫中山文化」概念的提出，其可貴之處是，走出了原有的紀念、研究的各種局限，一定程度上跳出了純政治的框框，回到了其應有的人文本原，更豐富了內涵、擴展了外延，是一種極具價值的深化和提升。它的提出，將積極推動我們走出一直以來將孫中山純政治符號化的僵化認識和誤區，進而從人文和「大文化」的角度活化對孫中山資源的開發利用，轉而從政治紀念、學術研究、文藝創作、產業利用等方面全方位地開展工作。

「孫中山文化」，是對「從孔夫子到孫中山」最好的詮釋和行動。

經過十年的努力，中山市在「孫中山文化」建設上做出了積極而富有成效的探索，積累了不少經驗，「孫中山文化」已經成為中山市最重要的第一城市品牌，為中山市的經濟社會發展做出了無可替代的重大的貢獻。然而，「孫中山文化」僅僅由中山市做是遠遠不夠的，因為孫中山文化不僅是中山市的命題，也是廣東省的命題，還是國家與民族的命題，甚至是世界性命題。

最近，中共中央辦公廳、國務院辦公廳印發了《關於實施中華優秀傳統文化傳承發展工程的意見》，孔子文化和孫中山文化，都是中華優秀傳統文化最核心的內容。孔子文化工程發展已經有了令人欣喜的開始，而孫中山文化卻還未能進入國家的制度化安排。因此，我們建議各方面高度重視孫中山文化，儘快將孫中山文化上升為國家命題和國家戰略。

由於孫中山的偉大性，我們堅信，隨著時間和歷史的變遷，「孫

中山文化」將為中華優秀文化的傳承和發展，為國家和民族的完全統一，為「一帶一路」戰略的實施，為實現中華民族偉大復興的「中國夢」，提供源源不斷的強大的動力。

有人說丘樹宏是一位研究孫中山的專家。對於這個說法，丘樹宏回應說：「不是的，我絕不敢說自己是孫中山研究專家，我是做「孫中山文化」具體交流的一個操作人，我對孫中山思想、理論、人生等等研究得遠遠不夠，但我們可以借助於各種學術研究的成果，把它與孫中山文化這個概念落實到交流合作裡去。」

天空湛藍，太陽耀眼，時光舞動，記憶拉長。「孫中山文化」播散遍地。

2、世界性文化

2014 年 10 月 15 日，習近平總書記在文藝工作座談會上的講話指出：「文化是民族生存和發展的重要力量。人類社會每一次躍進，人類文明每一次昇華，無不伴隨著文化的歷史性進步。」「沒有中華文化繁榮興盛，就沒有中華民族偉大復興。一個民族的復興需要強大的物質力量，也需要強大的精神力量。沒有先進文化的積極引領，沒有人民精神世界的極大豐富，沒有民族精神力量的不斷增強，一個國家、一個民族不可能屹立於世界民族之林。」

居住在美國的孫中山曾孫孫國雄自 1986 年起，經常回到中國、回到家鄉中山。多年來，他和家人通過整理家中的歷史物件支持歷史研究，與旅居海外的革命支持者後人重新建立聯繫，讓子女回中

國學習中文，還在去年成立了孫中山中心基金會，希望以孫中山的名義讓全球華人更緊密地聯繫在一起。第 29 屆孫宋聯席會議在洛杉磯舉行，孫中山中心基金會將首個孫中山文化獎頒給了中山市政協主席丘樹宏。據基金會主席、孫中山先生曾孫孫國雄先生介紹，孫中山先生是中國政治文明史上的一把火炬，作爲孫中山家鄉的一員，丘樹宏以弘揚孫中山先生偉大精神爲使命，他身體力行、孜孜以求、上下求索地傳播孫中山先生思想，把孫中山先生的思想精神與中國改革開放、中華民族繁榮復興聯繫起來，首倡孫中山文化概念並以之廣泛深入開展國際化的孫中山文化交流合作，爲孫中山先生的家鄉建設樹立了重要的標誌性文化品牌，也爲海內外孫氏親屬歸甯祖國、共同建設華人華僑的精神家園起到橋樑作用。爲此，孫中山中心基金會創立孫中山文化獎，並將首獎頒給丘樹宏先生。

丘樹宏因公差在外，未能親臨受獎，他委託孫中山故居前往參加孫宋聯席會議的代表受獎並答謝。在答謝詞中丘樹宏表示，中山市是一代偉人孫中山先生的家鄉，作爲這個城市的一員，尤其是作爲市政協主席，發掘、繼承、弘揚和發展孫中山文化，自己責無旁貸、義不容辭。此後，將以孫中山中心基金會的獎勵作爲今後工作的動力，繼續不遺餘力地爲孫中山文化的交流工作做出更大的貢獻。

中國影響世界並受到廣泛重視的偉大人物並不多，而孫中山則是其中最重要的一個。從這個意義上來說，「孫中山文化」不僅是中山市的命題，也是廣東的命題，是國家的命題，甚至可以是世界

性的命題。

在國家層面，我國正在加快民主法制建設，建設中國特色社會主義；中國正處於從「經濟崛起」走向「文化崛起」，兩岸關係正面臨一個嶄新的歷史時期，需要用文化架起溝通的橋樑，豎立嶄新的形象。所有這些，「孫中山文化」都爲我們提供了重要的可能和途徑，是可資利用的一個重要、特殊而又無可替代的文化品牌和資源。

中國歷史學會副會長熊月之說：「孫中山思想，既是中山人的財富，也是整個中華民族的財富，是海峽兩岸炎黃子孫的共同財富。孫中山文化的影響，早已超出了中山市的範圍，超出了廣東省的範圍，是譽滿域中的全國性文化工程。」

孫中山 59 年的生涯中，有 31 年在海外度過，除了非洲、澳洲等地，他的足跡幾乎遍及全世界，並與世界各國的政治精英、文化領袖結下了深厚的情誼。據不完全統計，如今全球共有 43 座孫中山主題公園、360 多條中山路，另外，全球許多城市和地區還設有許多中山紀念堂。「孫中山文化」是我們對外宣傳的一張重要的名片，並在中外文化合作交流上起到重要的橋樑平台作用。「孫中山文化」對構建海外華人精神家園具有很高的價值。孫中山在海外華人中的認同度極高，深受孫中山文化影響的中山華人熱切盼望祖國強盛，以孫中山文化凝聚凝聚 80 萬海外中山人以及全球華人華僑的精神和力量，大力弘揚孫中山文化中蘊含的廣泛聯誼和充分依靠海外僑胞支持中國革命與建設以及保護海外僑胞合法利益的光榮傳

統，使之能夠充分體現黨和政府對海外華人華僑的關心、愛護和高度重視，進一步鼓勵和引導海外僑胞積極回國投資興辦實業，實現我國僑務資源可持續發展的重要方略。

孫中山是兩岸共同尊崇的人物，他主張世界大同理想，希望透過政治現代化與經濟現代化的追求，進而達到中華民族的復興，表明了其對中國和平崛起融入世界的嚮往。深入挖掘「孫中山文化」中的「統一」、「發展」理念，這對於促進海峽兩岸文化交流合作乃至中國的和平統一大業來說是大有助益。

在建設「一帶一路」倡議中，如何將孫中山文化和絲路精神進行創新融合也是值得我們探索的命題。

當然，以開放性、與時俱進為主要特徵的「孫中山文化」價值還不止這些。

旭日徘徊於五桂群山之上，燃燒出朵朵似人似物之景象。岐江一閃一閃似歡迎遠來的客人，這是美麗的一天。

在粵港澳大灣區建設吹起雄壯號角，南海之濱又發出嘹亮的的衝鋒號，中山以人文編織合作交流的彩衣，迎著旭陽，閃亮動人。

中山市石岐區黨工委書記、市發改局原局長黃桂光告訴我們，他在負責編制中山市十三五規劃的時候，就與丘樹宏一起商量，成功爭取將孫中山文化寫入了文化強市內容。而現任市發改局局長梁衛華也說，自 2016 年粵港澳大灣區概念正式提出，2017 年進入發展規劃綱要編制工作以來，中山市委、市政府就開始籌劃爭取廣東省和國家層面將孫中山文化寫入其中，並不斷通過各種方式反映和

報告，得到了很好的反響和重視，孫中山文化一步步向國家命題、國家戰略靠近。

2018 年 9 月 11 日，一場由廣東省政府參事室（文史館）和政協中山市委員會聯合主辦、中山市翠亨新區管委會承辦的粵港澳大灣區人文交流合作座談會在中山市會議中心舉行，來自中央文史館和廣東省文史館的學界翹楚，如中央文史館館員、中國美術學院原院長潘公凱，中央文史館館員、東南大學東方文化研究所所長陶思焱，以及廣東的名家學者如陳鴻宇、田豐、楊興鋒、徐遠通、徐真華、顧澗清、張春雷等參加了這次智慧交流、思想碰撞。省政協原副主席、省宋慶齡基金會主席唐豪，省政府參事室（文史館）主任、館長張小蘭重量級專家學者，以及粵港澳大灣區兩區九市的代表，在這場全國範圍內第一次舉辦以「人文灣區」人文交流合作爲主題的座談會上，聚焦人文灣區，發出交流先聲。

專家學者們普遍認爲，粵港澳大灣區在區域地理、文化淵源、人文精神、風俗習慣上同氣連枝、一脈相承，在發展人文灣區的過程中，嶺南文化與「孫中山文化」應是構築灣區人文的兩種最基礎底色。

「孫中山文化」又被輕輕托起，激蕩人心。

對「孫中山文化」了解頗深的中央文史館館員、中央美術學院原院長潘公凱在座談會提到，「文化的影響是潛移默化的過程。粵港澳大灣區各個地區、城市是互融互補的關係，嶺南文化的鮮明特色在各個城市都有承接和體現，且與孫中山文化有較大共鳴。各地

區、城市在文化上密切相關，處於共生的大環境，注重文化統一部署、重視高端人才培育是讓文化發揮作用的關鍵。大灣區的文化領域交流合作要加強，首先要打破地域限制。各地區、城市實施統一的思想文化部署，提高文化相通程度，進行更多交流，探討活動策劃，文化交流的效率將會提升，成果將會顯著。其次，基於大灣區現有文化成果和人才情況，必須要重視高端人才的集聚培養，增加高端引領性的文化項目、文化成果的組織與培育，注重學術研究、文化繼承與發展。更多展示文化灣區的藝術研究創作、表演展覽，提高中國民族文化對外宣傳的深度和高度，達到令人佩服的效果。此外，孫中山文化也是人文灣區建設的重要文化支撐，需要整個灣區共同予以關注和實施操作，中山尤其可以建立更多博物館、美術館等，宣傳其生平事蹟、文化理念與革命實踐，這對大灣區有直接影響。」

這場人文交流盛會，為粵港澳大灣區建設碰撞也神奇的思想火花，閃如金光。

省文史館館員、南方日報社原社長、省政協文教衛體委員會原主任楊興鋒對中山的文化底蘊很熟悉，「深度挖掘利用孫中山文化資源，以孫中山文化引領人文灣區建設，更具時代性和潮流性，更能引起粵港澳大灣區的文化共鳴。粵港澳大灣區特徵之一是融合性，孫中山文化在兩岸三地具有高度認同度，挖掘利用孫中山文化能深度促進大灣區城市尤其內地與港澳的文化融合；特徵之二是開放性，深度挖掘利用有利於人文灣區的建設，形成更高水準對外開

放格局；特徵之三是競爭性，城市文化底蘊、人文魅力的塑造關係到城市的活力與競爭力，中山利用好孫中山文化資源，既是中山對灣區人文建設的貢獻，也是自生城市文化競爭力所在。」他提到，要挖掘利用好孫中山文化資源，可從「六個一」策略入手：積極申請一個「課題」，組織力量開展孫中山文化研究；改造提升一個「基地」，整合灣區內外資源建設一個具有強大影響力的孫中山文化展示基地；牽頭成立一個「中心」即大灣區孫中山文化國際交流中心；精心組織一個「論壇」，即孫中山文化論壇，以研究和傳播孫中山文化爲主題；傾力打造一個「載體」，讓翠亨新區成爲展示孫中山文化的交流合作、文化創意產業的平台；用心經營一個「矩陣」，集結廣電、網路、社交等媒體，形成傳播矩陣，提高文化傳播力和影響力。

中山市政協提出的《中山市孫中山文化交流合作機制的實施方案（徵求意見稿）》得到了市委、市政府的高度肯定，2019 年 1 月 29 日，市委辦、市府辦聯合印發實施。2 月 19 日至 23 日召開的中山市「兩會」，「孫中山文化」一時間成爲熱詞。

乘著《粵港澳大灣區發展規劃綱要》的春風，2019 年，孫中山文化元年正式開啓。

【尾 聲】

「支持中山深度挖掘和弘揚孫中山文化資源」,一錘定音,黃鐘大呂。十年探索,終圓夢想;展望未來,任重道遠。作爲孫中山文化的首倡者、孜孜以求的踐行者,丘樹宏百感交集、心潮澎湃。他在《「國家命題」是如何煉成的——孫中山文化十年感言》中寫道:「這只是一個開始,未來的路還很長、很遠。因爲,孫中山文化,不僅是中山命題、廣東命題和國家命題,它還是人類命題、世界命題。」丘樹宏説。

一聲春雷響,十年路漫漫,探索與實踐的腳步永不休止。

「孫中山文化」正以其衆多印跡蔓延傳播。

「孫中山文化」正以其閃耀之光照亮人心。

「孫中山文化」正以其獨特魅力立於世界。

第三章

淵源：孫中山與《大公報》

1911 年 10 月 10 日，武昌起義爆發，被視爲推翻滿清專制的辛亥革命之開端。作爲當今世上唯一的百年中文報紙，《大公報》從廣州起義、四川保路運動起便對這場革命忠實追蹤，辛亥革命期間更是完整記錄，直至辛亥革命後期清帝溥儀退位、袁世凱復辟均未有懈怠。回顧辛亥百年，紙上記憶依舊鮮活。

翻閱超過百年歷史的《大公報》新聞版面，不禁慨嘆，報業前輩將辛亥年間的歷史圖景如此完整呈現。歷史巨人孫中山某種程度左右著中國政局，《大公報》從 1905 年開始報道孫中山，直到 1925 年孫中山去世，他的形象也經歷了從辛亥革命前的「革命黨孫文」到辛亥革命時期的「民國之首功者」的變化，記錄之翔實，彌足珍貴。

一、見證武昌起義推翻清王朝

1905 年，同盟會成立，孫中山當選爲同盟會總理，其革命領袖身份正式得到確立，這在《大公報》上很快得到了反映：函內略雲留學東洋者有二十七人結成忠愛社，專以扶助大清抵抗革命黨為宗旨，特選同志數人投入革命黨內，詳加調查，始得該黨之首領仍係孫文。

《大公報》創辦者英斂之籍隸滿族正紅旗，他雖主張變法維新，卻不贊成可能造成社會劇烈動盪的革命，因此《大公報》早期對孫中山的報道雖然能做到全面呈現，但基本持懷疑和否定態度。報道

的消息來源，大多是政府部門和政府中人，幾乎很少由革命黨人提供。由於和朝廷相對抗，初期的《大公報》對孫中山稱其爲「逆匪孫文」、「革黨孫文」。

對以孫中山爲代言的革命者，當時的《大公報》雖不贊同他們的主張，但亦非敵視誹謗，更多是出於對國家前途和社會民生的擔憂。事實上，早在 1906 年，《大公報》即以「排滿革命者皆敢死者也，以棄擲頭顱爲不介意，而外來之禁令安足以動其畏懼哉」認可革命者的犧牲精神。孫中山本人不僅遭到清朝政府的嚴密監視，連他的弟弟也備受人們注意，在這一時期的《大公報》上，孫中山成了革命黨的代名詞。

作爲「新聞紙」，該報對武昌起義這一震驚中外的歷史事件進行了及時而又忠實的的報道。武昌起義是 10 月 10 日爆發的，該報對此進行的最早報道是在 10 月 12 日，刊佈了清廷的一道「電旨」，內容是時任湖廣總督瑞澂虛報的平定武昌亂事。次日又在「諭旨」中，刊登了朝廷對瑞澂辦事不利所做的警告：「著即行革職，帶罪圖功」，「以觀後效！」在「要聞」欄目中，則有《武昌革黨起事之警電》，報道了此次「鄂亂」前，從官府的角度獲得的某些相關資訊，佔了半個版面。關於此次起義報道比重明顯增加了。

10 月 12 日，《大公報》刊佈清廷的「電旨」摘錄：旨瑞澂電奏，探知革黨潛匿武昌，定期十九日夜間起事。省城內先後拿獲匪目匪黨三十二名，並起獲軍火炸彈多件。革匪在鄂創亂意圖大舉，實屬目無法紀。該督弭患初萌，定亂俄頃，辦理尚屬迅速。文中將此次

起義稱爲「鄂亂」，將革命黨人稱爲「革匪」、「匪目」、「匪黨」，此種蔑視的稱呼一直爲這一時期的《大公報》所沿用。

14日在「要聞」欄目中，則開始設有《武昌亂事近聞一束》一項，此後經常刊登。其內容是關於武昌起義中的所見所聞，一般都是比較詳細的通訊報道，如新軍盤查某坐轎女人等細節的描述。與此同時，在「湖北」欄的地方新聞中，幾乎都是關於武昌起義的報道，如《十八（日）夜革黨起事之詳情》等。這些報道從起義前官府所察覺的一些跡象，新軍的密謀，到起義進展情況，官兵與新軍士兵的所作所爲等都有比較詳盡的報道，爲世人保留了不少有關此次起義的珍貴資料，真正可以說是在「見證歷史」了。隨後，各地紛紛響應起義。對於一貫重視新聞報道的《大公報》來講，這些資訊又必然地成了報道的重點。此類報道比較早見到的是15日該報的「四川」欄中報道的《革黨入川之消息》。隨後，在新聞欄中，某地「失守」的消息俯拾即是。此外，該報還繪聲繪色地報道了上海等大城市中金融、商業等受武昌起義之影響而帶來的恐慌，以及百姓流離失所、社會秩序混亂等情況。這些資訊綜合成了一幅清王朝不堪一擊的圖景，革命之勢不可擋可以說是有目共睹。從這些報道中，也不難得出大清封建王朝氣數已盡的必然結論。

武昌起義打響了辛亥革命的第一槍，隨後一呼百應，革命浪潮席捲全國，整個大清朝廷上下頓時陷入了一片恐慌之中。早在10月15日的《大公報》要聞中，朝廷又是通電各省軍警戒嚴，「慎防匪黨，以備不虞」，又是「禁止報登鄂省軍情」。這些爲人們

勾勒出一幅幅活生生的清廷腐敗無能、驚恐無措的畫面。《大公報》一面進行忠實報道，一面怒罵失職的官員和將領爲「膿包」。

10月16日，當聞知朝廷有起用袁世凱以平定「鄂亂」之議時，該報一面發表文論，希望袁能爲朝廷解憂濟困，一面又對袁很不信任，16日的「聞評二」中提到：「川亂，急起用岑（岑春煊）；鄂亂，急起用袁。不意岑，袁起用之機竟與亂事相須！」二人此前都是被閒置不用的，「若岑、袁者，真可謂治世之棄物，亂時之能臣」。該報只能無可奈何地嘆息道：「嗚呼！時勢既造出英雄矣。此果時勢之幸乎？抑豈英雄之幸乎？！」因此，此後有關袁世凱的大量報道中，該報忽而稱頌「袁內閣英才夙望，海內仰其風采」，對其代表朝廷進行的「議和」是極力支持，忽而對袁疑慮重重，提醒國人警惕其行徑。

武昌起義後，「沿江上下相繼不守，西北山陝諸省聞風響應」，清軍要麼是反戈一擊，要麼是兵敗如山倒。該報在對此進行分析時，提到清廷失軍心民心已久，「非一朝一夕矣」。既然是不得軍心，民心已久，那麼清廷走向滅忘之路已確實無可挽回了。但該報還能突發奇想，認爲《大亂是現在的禍害，也許是將來的幸福》，幻想政府從此能「改弦更張」，痛行立憲政治，那倒是「小民無量的幸福」了。至於是否有實現的可能性，該報則只能說三個字「等著吧！」

以孫中山爲領導的資產階級革命派，是把「排滿」作爲救國的「起死回生之絕妙藥」來看待的，因此，「排滿」（驅除韃虜）就

成了革命派進行政治革命與建立新民族國家的起點，也是資產階級革命的首要目標。當此革命爆發之時，該報再次大倡「民族調和論」，試圖以具體的「融化滿漢」的方案來消除革命者的仇視，以躲過這一劫難。該報說：「比年以來，不逞之徒倡導革命，以標識仇滿爲惟一之目的。」該報辯護道：「滿族、漢族，名雖分界，實則同胞」，「普天率土，一視同仁」。既然是如此，那爲甚麼「朝廷以融和滿漢爲心，而革黨反得日肆排擊者」呢？該報認爲「以滿漢形式區分互視幾同異族故也」。既然是形式上出了問題，那麼「欲化滿漢之界，非亟改除形式不可」。隨後，羅列了一系列包括改滿族姓名爲漢族姓名的方案，並強調「居今日而謀彌亂之方，蓋急莫急於此者」。

該報認爲朝廷的假立憲是造成革命的根本原因，因此，一面痛罵朝廷，敦促其快行立憲以求自保；一面又以愛國愛民爲由，極力勸解革命者適可而止。在 1912 年 1 月 10 日的「來稿」中，借所謂「京師學界一分子」之名說道：朝廷能「開誠布公，不忍人民塗炭，恐召外人平涉，下詔罪己，改建內閣，協定憲法，開除黨禁，停戰議和，凡人民奔走呼號數年而不得者，一日逾量以償」，革命黨人就該知足了。

10 月 18 日，該報在「閒評一」中描寫了帝都官員的驚慌：「近聞京官之財多而膽小者，紛紛購買金磅；或竟送眷南下。以致金價驟見高漲，海輪倍形擁擠。」該報認爲「此等舉動最足以搖惑人心」，建議朝廷「設法禁阻、定罪罰庶，爲杜漸防微之至計」。21

日，該報又在「閒評一」中疾呼：「大凡兵亂之時，未亂之地方宜持之鎮定。而尤宜鎮定者，則惟京師。京師爲全國所觀瞻，一露慌張，人民即倍加惶急。該報安慰當局説：「鄂亂僅一隅之亂耳」。進而強調：「鎮定乎，此正今日安危治亂之符矣」。在同日的「白話」中，該報又告誡民眾「不可妄信謠言，自相擾亂」。對於這次武昌起義中一呼百應的局勢，該報做了如下的分析：「他們用種族的問題作根本，用髒官污吏的苦害民爲藉口」，然而這些都是「毫無價值可言」的貨色。「不過仍是以暴易暴，反而加上殺戮之慘。不過多塗炭些個黎民百姓完了。」並且，「凡是亂黨，都是利用謠言，編造出種種叫人擔驚害怕的事來，編造出種種似是而非的事來」。因此，該報勸百姓們不要輕信「謠言」，「把一個無事的地方，變成一個驚慌離亂的地方」。

在一片嘈雜的驚叫聲中，《大公報》的幾句「閒評」看來是不足以讓人鎮靜下來的。26 日，該報乾脆在「言論」中細數《受鄂亂之影響者》，將京師的驚慌放在第一位來講。「亂事之初起也，京師得信最早、戒備最嚴，而慌張亦最甚。無端而罷秋操，無端而停郵電……且東調西征，如逢大敵；朝令暮改，靡所適從。」這樣無疑使「亂黨之勢力未能騷擾全國，而政府先自騷擾也；亂黨之氣焰未能懾天下人之心，而政府反助之擴張也。政府其將爲革黨之先聲乎？！」這些呼籲在革命軍迅猛取勝的背景下顯得相當蒼白無力，很快「人心浮動，各省靡不皆然」。

該報一面呼籲「鎮靜」，一面慌慌張張地爲當局獻計獻策：一

是「各地亟宜組織民團」，以保護地方治安，其方略之細致，連「操練」都一一講明；一是快行立憲政治，「革黨既斤斤以政治革命，非種族革命自辯矣」，那麼快行立憲政治，足以斷其藉口，禍亂自然可以消弭。

二、評價辛亥「革命」人心所向

辛亥革命爆發後，《大公報》對孫中山的報道著力更多。11月17日，在批評孫中山排滿政策的《論排滿排漢之謬見》中才改稱「革命」，《大公報》首次以「武昌革命」而非「鄂亂」稱呼辛亥革命。

11月17日《大公報》刊文《論排滿排漢之謬見》摘錄：中國革命之說，創自湯武，自漢以來，或由征伐，或由篡竊，或以匹夫而成帝業，或以外夷而生中原治亂相。少年有志之士，受外人之激，刺痛祖國之淪亡，乃組織此轟轟烈烈之革命黨，十逾年來，前者雖踣，後者又起，至今日而始成。武昌革命之舉不逾月，而響應半天下，此皆政府之專橫殘暴。

11月18日《大公報》刊文《論今日政體上之解決》摘錄：中國專制政體不適用於今日之世，仍以帝統歸之朝廷，改為中華聯邦帝國。由各聯邦公舉代表，晉京組織聯邦國會，改造聯邦。皇帝除代表國際外，所有外交、軍事、財政、交通諸大端，均由國會議決，政府執行。既可達人民之志願，仍不失皇室之尊嚴，而萬世一系之

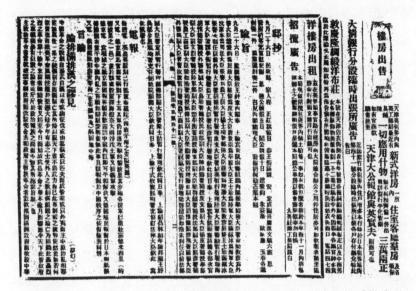

▲ 1911 年 11 月 17 日，武昌起義爆發後，《大公報》刊出社評《論排滿排漢之謬見》。

基，因之而固，種族相仇之禍，因之而消。在革命之勢如破竹，無可阻擋之際，該報所提供的是一個實行君主立憲的政治方案，可見當時民眾的主流揣測。

當袁世凱借革命勢力逼迫清帝退位時，該報極力反對。從 11 月 20 日開始，連登「徵文啓」，以《君主民主立憲問題之解決》爲題，進行其一貫的有獎徵文活動。因形勢緊急，這次徵文限期十日。這次活動的目的顯然是想集思廣益，爲君主立憲的實現尋求廣泛的理論以及輿論依據。十多天後，該報對徵文評出了三等若干獲獎者，將其文章陸續在「言論」欄目中刊出。這些文章所論各有不

同，但中心只有一個，那就是：君主立憲政治是中國最明智的選擇。此外，該報還採用直接撰寫言論，選登「來稿」、「錄稿」等多種形式，竭力宣揚中國只可立憲，不能共和，代表當時社會形勢下的主流態度。其依據主要有二：首先是共和政體本身並不完美，存在著諸多弊端，如該報 12 月份發表的言論《共和獨立之研究》以及「錄稿」《論美國共和政體之流弊》等。其次，共和政體不符合中國國情，必招致亡國之禍。原因是中國國力貧弱，民眾智識低下，民族眾多，共和政治必使中國陷入分崩離析的境地，最終為虎視中國的外國侵略者所滅亡。所謂「中國之歷史、地理、風俗習慣、人民程度，絕不宜於共和！」該報在 12 月和來年元月刊登了諸如《中國存亡問題繫於民族之離合》、《論共和主義實召亡國之禍，哀懇全國志士維持現狀意見書》等大量文章，連篇累牘地強調君主制是中國保國、存種之道。

　　當清廷不得不起用袁世凱為內閣總理，開始了所謂「停戰議和」，《大公報》一方面衷心希望和談能夠成功，盡快實現國家的和平與安寧，但對曾經出賣過維新派的袁世凱卻時刻保持警惕。因此《大公報》不僅隨時報道和談的進展情況，還及時發表評論，引起國人的關注。尤其後來袁世凱積極向帝國主義求援時，該報 12 月 20 日發表「閒評」警告國人，原文摘錄：自外人居間調停，南北兩方，已由主位而移入客位，而外交團財以客位而竟居主位。南北兩方之主張，非經外交團之承認，即不能成立。試觀昨日袁世凱與伍廷芳，彼此以違反停戰條約之說，互電詰讓，英使即嘖有煩言。

謂彼既出而停停，兩方即不得直接交涉。聆其口吻，儼然以盟主自居，竊願雙方以國家為前提，毋以鬩牆始以破家終，則庶幾我中國之主權，不致盡為外人所左右乎。

12 月 29 日，孫中山當選中華民國臨時大總統，12 月 30 日該報刊文《南京又開選舉大會》：近聞滬上和議有決裂之消息，茲據上海代表會初八日與諮議局來電，定於本月初十日在寧開選舉大總統會，此為中國第一次盛典，請貴局同申慶祝，聞已舉定孫文之說。

三、期待孫中山兼具破壞建設能力

1912 年 1 月 18 日，清帝退位前夕，《大公報》以社論《論大總統應兼具破壞建設之能力》指出臨時大總統需具有「大破壞、真建設」的能力，否則難以建立真正的共和國家。「破壞專制統治，建設共和政體」成爲《大公報》在辛亥革命之後的重要理念。1911年爆發的武昌起義不但爲中國民主政治的發展提供新的歷史契機，而且也使《大公報》人看到實現自己政治理想的希望。然而，在這個重要的歷史轉折時期，如何處理好破壞與建設的關係，避免新的社會動蕩，使專制統治不再重演，成爲報人們的集體焦慮。他們藉中華民國建立之際，表達對未來領袖——孫中山的期待：期望他承擔起履行共和民主的使命，更好地擔當領導重任。

1912 年 1 月 18 日《大公報》刊載《論大總統應兼具破壞建設

▲ 1912 年 1 月 18 日,《大公報》刊出「言論」《論大總統應兼具破壞建設之能力》,指出臨時大總統需具有「大破壞、真建設」的能力。

之能力》摘錄:漢儒董氏之言曰,琴瑟不調,甚者必改弦而更張之。政令不善,甚者必掃除而更化之。此千古不刊之論,而破壞與建設兩主義,已包括其中矣。西哲有言,破壞者建設之母,蓋自古無百年不敝之法,經一次破壞,即多一次建設。破壞愈甚,建設愈良,此一定不易之理也。況中國專制政體相沿二千餘年,其間雖經無數破壞,然大都狃於古制,但為形式上之建設,不為精神上之建

設。將數千年之政治之學說之風俗之習慣，一舉而廓清之不可，此今日革命軍所由起也。蓋今日專制政體，已達極點，國民於共和主義，尚不知其真際。故欲建設共和政體，而不先有以大破壞之，則建設終不完全。然所謂破壞者，乃破壞專制之政治學說、風俗習慣，非破壞人民之生命財產、國家之主權也。若以糜爛人民危害國家為破壞，則暴君污吏、土匪流寇，昏優為之，亦可取乎革命哉。

雖然破壞者一時之事也，建設者萬世之計也。有破壞而無建設，勢必如千里堤防，一決而不可遏止，其禍固不可勝言，然知有建設矣。而移頭換面，徒稱共和之名，未得共和之實，仍不過襲自古帝王之故智。專制之根，不得鏟除；專制之毒，必將復發！故欲締造共和之國家，不可無大破壞真建設之能力，兼此者始可為新共和國之總統。法之拿破侖，美之華盛頓，皆首唱共和主義，以實行破壞者也。然拿破侖長於破壞，而不得共和之真建設，終不免流於專制，故其興也勃焉、其亡也忽焉。惟華盛頓能以破壞為建設，故今言共和者，無不奉為鼻祖。今南京組織共和政府，第一任總統首舉孫文。夫孫固以洪秀全第二自命者，頻年漂泊外洋，屢起屢躓，是其才尚不足言破壞，何論建設！觀其受任之始，首以排滿為唯一目的，以改歷為偉大之政策，仍不脫易姓改元之舊知識，謂其無帝王思想，吾不信也。而且黨見太深，省界太重，功高如程德全黎元洪，則疑忌之；人望如湯壽潛章炳麟，則疏遠之。新政如此，則將來之建設可知，而尚望共和之成立，豈非南其轅而北其轍哉。

四、評價國家局勢「不可再亂」

1912 年 2 月 12 日，清帝宣佈退位。3 月 10 日，袁世凱在北京就任中華民國臨時大總統。從此，以袁世凱爲首的北洋軍閥集團竊取了辛亥革命的勝利果實，建立起了一個代表封建地主和買辦資産階級利益的中央政府，使中國近代歷史進入了長達 16 年的北洋軍閥統治時期。具體而言，從民國初期到 1916 年 6 月，是袁世凱統治時期，同時也是英斂之時期《大公報》的後期階段。英斂之雖然退隱香山，但他所奠定《大公報》的風格基本沒變。此後，該報對飛揚跋扈的袁氏政府有揚有抑，亦疑亦懼。在正面抨擊上，雖不得不有所顧忌，但以各種形式對之冷嘲熱諷，卻是無日無之。針對袁世凱的倒行逆施，該報仍然進行了強有力的抵制與譴責，始終保持了其特有的「敢言」本色。

孫中山之所以日漸受《大公報》關注，主要是由於革命形勢逐漸高漲、革命思想和革命意識不斷傳播，革命越來越成爲大多數人嚮往、至少不再恐懼和反感的變革手段，同時革命派與保皇派的大論戰使革命派從理論上、實踐上和組織上都與保皇派徹底劃清界限，在革命形勢高漲的情況下擴大了自己的社會影響，孫中山作爲革命黨領袖的身份也得以確立並逐漸得到社會公認。在孫中山被推舉爲中華民國臨時總統時，《大公報》更是對其進行了多篇連續報道，包括孫中山高票當選、遭到行刺、外交團反應等情況均進行如實追蹤。

不久，在國內外各種政治勢力擠壓逼迫下，孫中山辭職，2月15日，參議院推舉袁世凱代之。《大公報》對袁世凱可以說了若指掌，恨之入骨，並不以爲他好過孫中山，但又無可奈何。辛亥革命進展之神速及其一舉推翻清王朝的結局，顯然出乎《大公報》預料，可以在1913年5月13日的《論我國今日不可再不能不亂之理由》生動看到當時的社會形勢：

　　我國時局之險，未有險於此時者也。我國事變之奇，亦未有奇於此時者也。自前歲民軍起義，居然以最短促之時期，最詼諧之政策推翻帝制，改建共和，非但曠古所未聞，抑亦全球所僅見，乃統觀一年餘之現象。民生凋敝，財政恐慌，禮教淪亡，廉恥道喪，外之則強鄰狡逞，內之則暴黨橫行，政府紛飾於上，將帥跋扈於下，又復偉人充斥，軍隊自由，輿論紛歧，謠言蜂起，謂為必亂，則人方以保國保種為口禪，而互相警告，謂為不亂，則人方以爭利爭權為目的，而不顧危亡，積此兩因，以成此似亂非亂，未亂將亂之惡果，此蓋民國開幕之初，料其必至於此，而不料其竟至於此者也，總之我國今日，實有不可再亂，不能不亂之勢，誰生属階，至今為梗，豈非當日不完全之革命，有以釀成之乎。

　　曷言乎不可再亂也，以對外言。我國數十年歷史，內亂發生一次，滿清覆轍，蒙藏前車可為殷鑒，然枝葉雖損，根本未搖，猶可以為善國也，今則財政債權，凡一命脈所在，盡歸外人掌握之中，而列強之眈眈虎視者，更將乘機伺隙，以實行其兼併之謀，一旦有亂，不但海疆商埠，彼之軍隊，得以出入無阻，行動自由，即內地

圖產之有關抵押者，皆得藉保護資本為名，派兵佔據，勢力所及，土地人民隨之，故我國不亂則已，亂則瓜分之禍，近在眉睫，此可以預言者也，以封內言，軍興以後，民生困瘁，商業凋殘，元氣大傷，至今未復，即使休養生息，撫輯流亡，猶非數年所有奏效，設或亂機四發，勢必至弱者為餓殍，強者為盜賊，其不至同歸於盡者幾希，況以各省現狀而，南北雖號稱統一，而各方面之擁兵員固，首鼠兩端者，皆存觀望依違之意，不幸而再有亂事，一夫發難，全域動搖，而豪猾者復競起於其間，不旦南北分裂，恐一省之中，不至四分五裂不止，我先自分裂，而他人復從而分裂之，如是而欲望國之不亡身可得乎，吾之所謂不可亂者此也。

　　1912 年，袁世凱在代孫中山為中華民國臨時大總統後，3 月 1 日，該報發表了《論袁項城被選總統》，將袁氏幾十年駕馭權術、翻雲覆雨的「生平行跡」分為幾大「時代」，希望「論世者」對他進行「研究」。文章說：項城者，才足以濟變，識足以通時。其知人不在曾湘鄉之下，而得人尤在李合肥之上。至其不避毀謗，不恤人言，雖以政學淹貫、負海內重望之張南皮，亦且不能及。顧尤所難者，孫中山則謂熟有政法經驗，以和平手段達到目的，黎宋卿則謂其化干戈而講挹讓，大功所在，同人稱道不置；黃克強則謂其苦心孤詣，致有今日，其功實不可沒。嗟乎，孫、黎、黃者，一為民國臨時大總統，一為民國臨時副總統，一為民國臨時陸軍部長，皆為革命之元勛，民國中之功首，其欽服項城且如此，則項城真能操縱天下之人，而天下之人又無不為其操縱。其雄才大略，真二十世

紀中東亞第一等人物矣！雖然，或以項城為魏武、新莽，或以項城為華盛頓、拿破崙，為私為公，須聽自擇。

袁氏篡權以後，厚植私黨，以達其建立封建專制統治的目的。1912 年 3 月 16 日《大公報》的「閒評」記載：有人說，他網羅的「人才」都是「北洋舊屬」，有的說「公署之中，無非前清之齷齪官吏。議會之內，無非前淸之走狗議員」。3 月 12 日，該報發表《時事痛言》說：「今何如乎？利國福民者其口，徇私專制者其心。凡諸設施，好人所惡，惡人所好，無一不以亡清之覆轍，爲前事之師，不過稍變其名目而已。以內閣總理之重任，而授之於出爾反爾之唐紹儀。鄭五作相，時事可知！」後此時間不到半年，內閣總理換了三個。其下國務員「合全閣人物面觀，泰半皆前在北洋時，鑽營容悦於大總統，而爲大總統之牛溲馬勃，以備不時之需者。則內閣既成爲大總統之內閣；參議院亦不過大總統之參議院焉耳。於共和國家何與！」

五、強化「創立民國首功者」形象

值得一提的是，隨著清政府被推翻，君主與民主立憲之爭告一段落，尤其是孫中山主動請辭總統位後，《大公報》表現出了對孫的信任和尊重——不再擔任臨時大總統的孫中山，在《大公報》上反而由「逆匪孫文」變成「孫中山君」、「孫公」。

孫中山辭任臨時大總統後，有傳言稱其辭職是由於唐紹儀贈銀

一百萬兩，孫中山為此特致電國務院闢謠，《大公報》隨即刊登了這則消息，顯示出對孫的信任。

1912 年 8 月，孫中山應袁世凱之邀赴京，《大公報》以「孫中山此次來京，雖屬私人資格，而與政治前途不無關係，所有在京種種舉動，自應按日探紀」高度評價他此行的意義，隨後的系列報道也確實做到了按日探紀：8 月 27 日，先是對孫中山的保衛規格進行詳細報道，並以「大總統之意仍有藉重中山之處」點評；後又報道各國使節拜晤孫中山和孫公擬於 15 日回拜的消息，凸顯外交團對他的重視。8 月 28 日，更報道了來自政界、報界、商界及廣東同鄉會等社會各階層人士對「孫中山來京」的歡迎情形。

這一時期《大公報》從多方面肯定孫中山以往取得的歷史功績，強化其「創立民國之首功」的形象，無疑為孫中山提供了「獨一無二的政治輿論資本」。

此外，袁世凱從上台之初就非常注意控制輿論，他先後頒布了《報紙條例》、《出版法》等一系列限制新聞出版自由的法令，並不惜動用暴力來壓制、迫害異己的報紙和報人。進而在 1913 年，借武力鎮壓國民黨「二次革命」之機，發動了一場大量封報捕人的「癸醜報災」。此後，新聞言論自由受到了極大的壓制。1915 年 12 月 4 日，《大公報》發表社論《報紙之責任與價值》(署名「迁叟」，對報紙不能實現「監督政府，改良社會」的理想表示失望，對袁世凱政府的禁錮言論行為表示憤慨，有「萬能之政府，決不須報紙之監督，萬惡之社會，又決非報紙之綿力所能改良」，「夫

報紙因責任而有價值者也，既不能不喪失其價值，責任價值均不足惜，所難堪者，從事斯事業之人日日報筆磨墨……以做此無價值之生活，對於社會僅有要求原諒之一法，而不得不出於此，爲可非耳」等語。

六、抵制袁世凱復辟及親日

袁世凱在成功地鎮壓了「二次革命」後，亟亟進行解散國會、毀棄約法、改元建號等一系列復辟帝制的活動。1914 年 1 月 13 日，該報發表「閒評」說，「資遣議員案，已奉大總統命令施行矣」，「增修約法案，亦奉大總統命令施行矣」，「國會長已矣，約法斷根也！」5 月 1 日，袁世凱一手炮製的《中華民國約法》終於出籠。

根據這個袁氏《中華民國約法》，後來又通過《修正大總統選舉法案》。袁世凱確實立了自己終身大總統的地位，離稱帝僅有一步之遙了。該報嘲諷說，「今大總統既能上契天心，下乎眾望，不妨一連任再連任，十連百連，乃至無疆連。連至不高興更連時，但由現總統指定一人以繼其任。蓋三之數雖少，尚不免有得失之爭。定之於一，何等簡捷，何等光明。若總統肯效法祁奚，內舉不避親，尤可杜絕野心家覬覦，而免運動競爭之怪劇！」

與袁世凱復辟帝制的準備活動相配合，在這期間，文化思想領域隨之出現了一股尊孔復古逆流，什麼「孔教會」、「尊孔會」紛紛出籠，遍於中國。陳煥章等人甚至帶頭要在憲法上明定「以孔教

爲國教」。對此,《大公報》連連發表評論,表示反對。理由是:
第一,「孔子非宗教家」;第二,「中國五大民族,回、蒙、藏都
不奉孔教」;第三,請定國教之代表首列人物如嚴復等,對於孔教
問題,「今昔主張矛盾,不能自圓其說」。此外,與其他反對定國
教的主張所不同的是,該報還從違背信仰自由的角度,對尊孔謬論
進行了批駁。

隨著尊孔復古逆流出現的,就是一系列借屍還魂的「規復」活
動:「文則祀孔,武則祀關」,道教則張天師已復位,更進一步,
勢必釋定之佛菩薩,醫學之呂純陽,星命家之嚴子平、鬼穀子,
一一援例要求,列諸國家祀典。遍國中香煙繚繞,百靈呵護。有名
無實之民國,乃進化面爲志心朝禮之神國鬼國!」勞乃宣聲嘶力竭
要復辟清帝;有人則自封「忠烈定國王」,力主「興復」後清。

1915 年,袁世凱爲了盡快達到黃袍加身的目的,死心塌地投
靠了日本帝國主義,公開宣佈:「今日國家外交以近交政策爲要,
其第一即爲親日」,意欲獲取日本對其復辟帝制的支持。日人洞燭
其奸,即乘機於這年 1 月向他提出「二十一條」,並且暗示:「若
開誠交涉,則日本希望貴總統再高升一步」。至 5 月,袁氏基本上
全部接受這一喪權辱國的「二十一條」。消息傳出,輿論嘩然。該
報發表評論加以嘲諷,說「中日交涉,已完全和平解決,種東亞
之幸福,遺萬世以安寧。吾外交當局忠於謀國如是,已出吾民意
料之外,又復親勞玉趾,將承認書雙雙恭賫至日使館。似此鞠躬
盡瘁之忠良,求諸中外古今,除五代馮氏,漢末譙氏,三韓李氏外,

有幾人哉。」

　　從 8 月起，袁世凱的黨徒們有的成立「籌安會」，有的組織「請願團」，有的捧出「推戴書」，有的呈上「勸進表」，緊鑼密鼓地上演著一場復辟的鬧劇。其中以楊度的「籌安會」最為臭名昭著，影響最壞，該報標榜是所謂的私下「學術團體」。《大公報》為此提出質問說：為什麼「近在都城之下，居然有私人團體之集會？居然有關係治安私人團體之集會？居然有名為私人團體與政府無關係、而實則皆政局中之人物之集會？」並明確指出，所謂的「籌安會」實際上是主張「變更國體」，推戴「袁大總統為皇帝」的急先鋒。

　　9 月 12 日，該報又發表了《對於國體問題之預測》，揭露說：「觀於發起人方面，而預測其必得美滿結果也。發起此問題者，非腹心之故舊，即佐命之元勛。其姓名凤震寰區，學識又超儕輩。一言之重，九鼎奚殊。既敢倡非常之議，自必能行非常之事，以建非常之勛勞，而博非常之酬報。且冒天下之大不韙，而悍然以發難，聰明伶俐如六君子，豈敢無所恃而冒昧嘗試者！讀前日大總統之宣言，固已許法外施仁，不力干涉，則此層更無足慮。二三子前程遠大，後顧無憂。馮長樂草勸進之書，華龍頭袖極之詔。好自為之，貫徹其耿耿孤忠，為期當不遠矣。」事情果不出所料。官僚、政客在前台演戲，軍界長官、流氓憲警在幕後護衛。經過兩個多月的撮合，全國各省袁記「國民代表大會」就紛紛進行所謂「國體投票」。11 月 20 日，一致贊成「改民主共和為君主立憲」。次日，袁世凱終親自發布命令，正式接受帝制，並下令將 1916 年改為「中華帝

國洪憲元年」。在此情況下，該報仍然在 29 日以「代論」刊登了梁啓超的《國體問題與五國警告》，繼續反對復辟帝制。

在反對袁世凱復辟帝制期間，不僅《大公報》頻頻發表文論進行駁斥，英斂之本人也用一些個人的方式表露其反對意見。據陳垣先生講：「1915 年底，袁世凱預備稱帝，曾利用教界爲之捧場。當時天主教徒辦有一種《益世報》。事前不敢讓斂之知道，事後竟發表附和帝制的言論。大爲斂之所不滿。斂之素疾視袁世凱，又深惡當時《益世報》某教士左右天主教徒種種污穢，特寫信與某教士嚴斥之。信上說：《益世報》之創辦，自始至終諱莫如深。某亦何苦妄加干涉。然早斷其必無好果矣，因靛缸不出白布也。乃報紙一出，果污詞穢語，不一而足。以教會教友之資本作相反道理之提倡，已爲不合，乃愈出愈奇。今者若更窮促無歸，勢迫利使，遽變宗旨，醜態百出，犯社會之公憤，南北各報排斥之來者，已不一見矣。以無端之邪火百般諂媚，脅逼要挾，情形顯然，無怪人言之嘖嘖也。」

雖然袁世凱終於坐上了皇帝寶座，但好景不長。接受推戴不過十天，雲南將軍唐繼堯、蔡鍔等，即馳電堅決反對，並於 12 月 25 日宣告雲南獨立，公開聲討袁世凱。隨後，各地紛紛響應。1916 年 3 月 23 日，袁世凱被迫取消帝制，並於 6 月 6 日結束了其一生。7 日，《大公報》對他蓋棺論定說：「綜計袁總統之官運，國家每經一次危劫，彼即高升一步。蓋始終逢凶得吉、遇難成祥者。屈指回溯，甲午戰敗議和，實爲袁氏發軔之始；戊戌之變，於是乎一高升；庚子之役，於是乎再高升；及辛亥大革命，於是乎大高升。總

統之位既固，皇帝之癮忽發。於是乎惹起全國唾罵，引動遍地干戈，生靈塗炭，國是阽危，至不可收拾之下，及以一瞑不視了之。雖亦由命盡祿絕，然神龍見首不見尾，其解決大局之手段，亦狡獪矣哉！⋯⋯然而今日之事，已成不可解決之勢，毅然以一死解決之，快刀亂絲，一朝斷決，論其一死之有功民國。殆較四年餘之辛苦經營，蓋尤萬倍也。吾聞京電，敬為袁公吊。且為民國賀！」

七、發表評論反映民生疾苦

「二次革命」被鎮壓後，面對北洋軍閥政府的專橫、殘暴統治，許多報刊敢怒不敢言，惟恐以言賈禍，以致出現了中國報刊政論的衰退。言論在報上所佔篇幅劇減。有的報紙為擺樣子，還發幾篇四平八穩的社論，有的則只點綴一兩篇不痛不癢的短評。

《大公報》則不然，不但原來的一篇「言論」、兩篇「閑評」的評論模式被保持下來，基本上每天都有，並且，依舊是敢於反映民生疾苦、敢於為民請命，的確起到了「民之口舌」的作用。在那種惡劣的形勢下，《大公報》然堅持「敢言」作風，確屬難能可貴。

進入民國後，中國人民不但沒有享受到民主、共和帶來的文明與進步，反而受到了封建軍閥翻雲覆雨的蹂躪，中國陷於國將不國的險境。1915 年 9 月 11 日，該報在「閑評一」中表達了民眾對時局的強烈不滿：嗚呼！吾觀於今日之時局，而益古人造字，其取義之精之博之巧妙矣。有如「國」字，曷為而於四方之中，嵌一「或」

字。「或」者，無定之謂。明明示國之為國，乃一無定之物。可隨人心之所欲，愛什麼樣便什麼樣者也！是故國之主體，或君王，或民主，或共和，或立憲，或專制，無不可也。居是國者，或為總統，或為帝王，或為大官，或為平民，或為奸盜，無不可也。或行仁義道德，或作鼠竊狗偷，或裝神弄鬼，或拍馬吹牛，無不可也。或說人話，或放狗屁，或作獅子吼，或發豺聲，或效狐媚子，均無不可也。「或」之時義大矣哉！此國之所以不妨由人撥弄、由人顛倒、由人隨意變化矣！

在這種時局下的民國政府，根本無意於國計民生的籌劃，一味地敷衍塞責。1915 年 7 月 7 日「閒評二」說：政府「就其日日會議以觀，謂政府非勵精圖治不可；就其會議結果之一無成效以觀，謂政府非空言塞責不可！」民國政府非但不能勵精圖治，連為民做主的基本責任都不顧，在對待外國人與本國人問題上竟採取了兩種截然不同的態度，不但不能維護本國人之利益，竟「以中國人而賤視中國人」，實為洋人之奴隸！該報對此議論道：「均是人也，視外國人之名譽財產生命，何以如是之貴？視本國人之名譽財產生命，何以如是之賤？」該報憤慨地指出：「如謂今日為強權時代，我之勢力不如外國人，還而施之於本國人，適合情理之平！然則我國人自今以往，在共和政府勢力之下，而欲護其名譽、保其財產、全其生命者，與其假充中國之主人，不如竟作外人之奴隸！」

辛亥革命以後，中國戰亂頻仍，形成了極為沉重的社會負擔，而所有這些重負最終都由官府巧立名目，以捐稅的形式落到了人民

頭上。《大公報》說:「近來中國之捐稅名目,不可以數指計。有印花稅、有屠宰稅、有房舖稅,此外尚有種種,皆近年所增加者也。」而無論以何名目收納的捐稅,「一言以蔽之。皆人民之脂膏血汗而已」。統治者雖然調整過一些捐稅,但根本就於事無補。該報站在人民大眾的立場上講道:「以國家之名義,吸收人民之脂膏血汗,用處果盡當、辦理果盡善,無論用何等名目取之,人民斷無怨言。用處盡不當、辦理盡不善,無論去何等名目、留何等名目,殆猶五十步與百步耳!」

那麼,不能為民眾謀福利,反陷之於水火之中的政府,必然是專制的反動政府。該報曾以鐵的事實、嚴密的邏輯推導出這一本質:雖然民國後,當權者屢屢以民生、共和相標榜,但卻是在進行專制主義統治。該報撰文提到,按袁世凱政府所頒布的《報紙條例》,凡是刊登了足以「淆亂政體」的言論,必處罰以「禁止其發行;沒收其報紙及營業器具;發行人編輯人以四等或五等有期徒刑。若是乎政府對於政體之言論,可謂深惡而嚴禁之矣」。該報一針見血地指出,政府如此行為的實質,「是限制言論自由之手續」!並進一步由此推論道:「夫淆亂政體且然,況淆亂國體乎!報紙僅紙上空談,深惡而嚴禁且然,況其為類此之實在舉動乎?!據理以推,今設有人焉,公然號召,非特欲淆亂政體,甚且淆亂國體。吾知政府一聞其事,其欲處之也,必較報紙條例所規定,而益加嚴矣。」以此揭露政府名為民主而行專制之實質。

此外,該報國官場上的種種顢頇腐敗之情狀,仍能做出無情的

剖析，反映了民眾對蠹國害民的官吏們的痛恨。該報將當時「中國官吏之特徵」概括爲兩個：「第一的特徵，是善於奔走運動；第二的特徵，是善於營私舞弊。」民國後在官吏選用方面，雖然頒布了《考試知事章程》，「法良意美」，然而「孰知一面考試，一面保免」，結果是「合計全國做被保免的知事，何止數萬人！比較考試中選者，多及兩三倍。且中選者又皆出於請托運動者，十居八九」。可見「中國官吏善於奔走運動，世界所未有，普通人民所不及！」官吏不僅來歷不正，且多是置國難於不顧，急於中飽私囊、監守自盜。「現在國步艱難，正賴大宗進款，以挽救國家的危亡。孰知此種官，竟毫無心肝發生這種流弊。稍有天良者，誰能去做呢！」該報還進一步將之與清朝相比，發出了警告：前清之亡，不亡於君主，不亡於人民，實亡於一般官吏。所以亡於一般官吏的原因，就是亡於「奔走運動、營私舞弊」這八個字。現在雖然民國，號稱共和。究其實際，有名無實，不成為國家。而一般官吏們，又人人具備這兩種特徵，不能化除。國能不亡，種能不滅嗎？！篇尾連著兩遍發出了「言之可不痛心！」的慨嘆，愛國憂民之情感人至深。

對當局中炙手可熱的一些人物，該報仍能做嬉笑怒罵的抨擊。黎元洪身爲副總統，卻無所作爲，「自入民國時代」，「除坐鎮江漢外，厥惟以排難解紛爲最者」，每遇地方與中央、地方與地方、黨内與黨外等處有爭執時，黎氏「則調和之」。而實際上並沒有得到「根本上之解決，而僅僅是「粉刷成功矣」！「僅爲皮毛上之敷衍」「不過偷安一時」而已，實「不足以挽回浩劫」。看似痛

哭流涕、竭盡全力的調和，實爲敷衍塞責之行爲。如此評論，可謂一針見血！

八、詳細記載孫中山病情發展

1925 年 3 月 12 日，孫中山病故。從 1925 年初直到 3 月 12 日，對於先生的病情、活動甚至生命後期每天的體溫和脈搏，《大公報》都有詳細記載。3 月 13 日，更闢專版刊登《孫中山先生逝世》長文、發表評論《哀孫中山先生》，充分肯定孫中山一生的奮鬥。

孫中山晚年北上、病逝，以及海内外各界人士爲此而舉行的追悼活動，均爲中國近代上的重大事件。1924 年 12 月 31 日下午，孫中山偕夫人宋慶齡等人乘專車由天津抵北京。其隨員寓鐵獅子胡同顧維鈞宅，作爲辦公地點。汪精衛負責政府方面及各團體的接洽，黃昌穀負責新聞界的接洽。孫中山則下榻在北京飯店。1925 年 1 月 26 日至 28 日，孫中山在北京協和醫院治病，並做了肝癌手術。

2 月 1 日《大公報》刊載《孫中山病危中之津人表示》摘錄：孫中山氏前由日來津，曾獲得津人士及各團體之熱烈歡迎，國民黨津支部歡迎中山大會，學生婦女各團體及市民均紛紛定期開會，敦請中山為盡興發揮之講演。以慰津人之夙願。何意孫氏以肝疾驟發，不勝繁劇。自到津以迄入都。迄未能與津人一傾其胸襟，惟臨行嘗與津人約以來日，詎意星歲甫更，靈耗突傳，孫氏忽有在北京

協和部醫棄世之說，津各團體及黨支部聞訊之下，驚愕失措，絕望傷情。紛紛集議表示方法。一方面並電京探詢情況。繼得覆電，始知孫氏肝病勢危，尚未病逝。各方始為之略慰，國民黨支部以孫氏病勢加重，極應省視。業已推舉代表星夜入京，代津部同人慰問，並詳查孫氏病體現狀，方便歸報。此外如中等以上男女學生界及各公團因孫氏為民國勳首，功在邦家。黨茲酷疾瀕危，存亡莫卜之候。亟應表示一種誠懇痛惜之態度。而加以敦切之慰問。藉以津人愛戴之誠，近已討議進行方法，並聞教會同仁為救孫氏災凶，有將為之舉行祈禱消息云。

2月3日，克利醫生向孫中山先生宣告「臨終之期已迫，中山聞之泰然。」2月6日，孫中山接受鐳放射治療。18日，孫中山出醫院，遷入鐵獅子胡同行轅。

2月4日《大公報》刊載《中山病況昨聞》摘錄：前日下午三時許北上之民黨重要分子及孫科前往協和醫院視疾，中山初頗覺欣慰之狀。昨晨（三日晨）據協和醫院之報告，中山脈搏已降為二零次，體溫降為三十七度，神氣亦頗清明，唯身體則呈較衰弱之狀。主治醫克利將中山之實在病況，告知中山時，中山甚為安靜，並不露絲毫畏懼之色。此外並聞民黨重要人物，日前對於中山之病，雖決計延請中醫佐治，但聘之中醫則僅前往協和醫院診視一次，並未開列方劑其原因蓋以中山現尚西醫療治之中，不欲遽行參加，致責任不專之故，至外間所傳中醫已宣告不能開方之說，則完全錯誤云。

2月5日《大公報》刊載《孫中山昨日病況》摘錄：據協和醫院主治醫生泰爾診斷，用西醫診治，實難望痊癒。先生之病，一時雖無危險，唯速效實無把握。現先生之親屬友人，多主張改用中醫，鄙人之意，以為亦不妨一試，照例在醫院中，原不能服兩處藥，但先生為中國特別人物，如以在醫院較為安適，即在院就中醫。本院亦當特別育融。孫曰：余深信餘之病可望治癒，不必改用中醫，且尚有以雷的母（即銃）照治之法。當未實行，如醫院有此種設備，予極願就此法醫治。泰爾以院中有此種設備，可以一試。即允照辦，大概一二日內，即將以此種方法施治。

2月18日中午十二時許至3月12日上午九時半，是孫中山在鐵獅子胡同行轅治療及病逝之期。其間為孫中山治療的醫生有克利博士、著名中醫陸仲安、唐堯卿、周樹芬，以及由德國歸來的葛心慈和著名的西醫王倫。到3月5日，孫中山「四肢呈浮腫之狀，腹部之水腫，顯而易見。」10日，孫中山出現神志昏迷之狀。11日夜半後，孫中山「已不能有系統的發言，僅以英語或粵語，呼和平、奮鬥、救中國而已。」

1925年3月12日孫中山與世長辭，《大公報》於3月13日以「國內專電」刊登：

北京電　孫中山今早（十二）逝世後，汪精衛李烈鈞等即在竹轅開一會議，決遵遺囑，將孫屍用防腐法永久保存。於上午十一時半送往協和醫院，惟該院因手續辦不及，須待二三日後方能洗刷遺體及防腐劑，在此二三日間由馬駿超在院看視。聞孫於生前即向歐

洲某國購妥玻璃棺廓一具，今日已去電催運來華，逆料尚須時日，故暫租臨時棺木小殮，俟玻璃棺運京再入殮，然後暫厝先農壇。

北京電　國民黨對孫中山葬禮，主張黨葬。如國民方面悼念中山有功民國，可用國民葬與黨葬同時舉行，並遵照中山遺囑以鐘山（即南京紫金山）之陽為墓址，唯採用國葬，由執政府下令仰由元帥府下令，尚在考慮中，今晚未能決定。

北京電　京師警所，今日（十二）通知北京各機關及商民各團體。明日一律下半旗哀悼孫中山，善後會議明日亦停會一天，今日國務會議亦因孫故停止議案。駐京俄大使館今日已降半旗，加

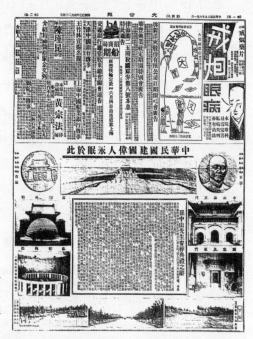

▶ 1929 年 6 月 1 日，《大公報》刊載《中華民國建國偉人永眠於此》，報道孫中山長眠於南京紫金山。

拉罕躬往致弔，其餘使館俟中政府正式通知後，即下半旗。北京電　段合肥派柏文蔚及內務之長王來爲孫中山治喪之政府代表，悼恤今夜可發表。

　　關於孫中山逝世的地點，有人說是在北京協和醫院，如 1994年一則台灣媒體云：「孫中山先生於一九二五年三月十二日病逝北京協和醫院。」又如 1999 年北京學者據檔案訂正孫中山死於膽囊腺癌，文中說：「孫中山當年病逝於北京協和醫院。」據《大公報》的記載，上述說法是錯誤的。因爲大量的歷史文獻資料記載（包括《大公報》），孫中山是病逝在北京鐵獅子胡同顧維鈞宅，而不是北京協和醫院。

九、生平略史和追悼活動細節

　　1925 年 3 月 12 日，孫中山在北京鐵獅子胡同逝世。當天，遺體運至北京協和醫院進行防腐處理，19 日靈柩移至中央公園社稷壇公祭。移靈前，鑒於孫中山「基督徒」的身份，親屬決定爲他舉行基督教「祈禱禮」，卻遭到部分國民黨人士強烈反對，最後經過協商，由孫中山家屬舉行「家禱」，與國民黨方面無關。關於孫中山基督教追思儀式，長期以來被歷史記載所淡化，甚至缺乏記載。不過，這在《大公報》上卻有清晰的記載。

　　3 月 13 日天津的《大公報》以「遺囑以外之特囑」對此進行了報道，指出孫中山之所以有此「特囑」，是因爲廖仲愷爲反基督

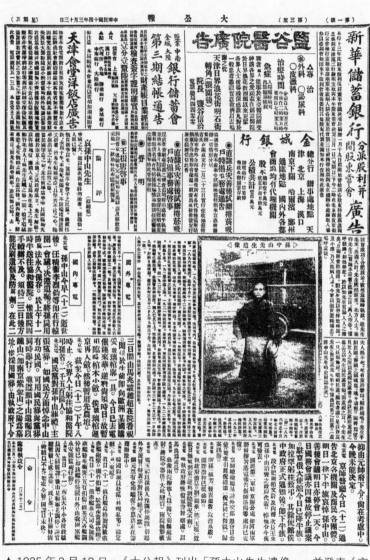

▲1925年3月13日，《大公報》刊出「孫中山先生遺像」，並發表《哀孫中山先生》及《中山先生之略史》等。

教運動之一人。孫中山早年在香港讀書時，受洗爲基督徒。孫中山遺囑起草者汪精衛也表示提過「中山先生曾說他是基督教徒，臨終並未否認。」3月19日上午數萬民眾紛集於協和醫院門外，10時孫中山基督教追思儀式順利在協和醫院禮拜堂舉行，3月20日《大公報》報道移靈情況時，簡要介紹了「行祈禱禮」的過程：

> 因禮堂不能多容人眾，故得入內觀禮者僅為二百人。主禮者為劉廷芳，贊禮者為朱友漁。先奏樂行開會禮，次由劉主禮宣訓，次唱歌，次祈禱，次念聖經，次又唱歌，歌畢。劉主禮致詞，略謂孫先生屢遭困難，百折不回，是一種最富有之信仰心；共和尚未成功，民眾尚須努力，是一種優美之希望心；愛國愛同胞愛世界，是一種大公之博愛心。望也，愛也，皆上帝所以昭示於世界者，故孫先生在上帝則為一極好之人云云。次朱贊禮致弔詞，略謂先生臨終特囑善視宋夫人，不可因其為基督教中人，而歧視之。可知先生不將政治宗教混為一談，故先生實亦一信仰宗教者云云。次孔庸之代表家屬致謝詞。詞畢，禮成，遂由汪兆銘、于右任等，行舉柩出院之禮。

孫中山先生於1925年去世，當年3月13日的《大公報》刊文《中山先生之略史》，這樣綜述的一生，文章摘錄：孫氏中山先生，廣東香山人，生於民國紀元前四十四年，即一八六六年之十月初七日寅時，父務農，幼從美國教士克爾博士習英語。一八八七年入香港阿賴斯醫院肄業。一八九二年成外科博士，畢業後，赴澳門組織中國少年黨，是為中山立志革新中國之始。後赴廣州從事革命。

一八九五年廣州革命失敗後，逃往澳門，再由該地赴香港、日本、火奴魯、美國組織改進會，會員甚夥。一八九六年抵英，是年十月十一日為駐英中國公使在使館外被捕，擬送交中治以倡亂之罪，幸有甘德利博士者，聞訊乃設法拯救。故孫氏被幽十二日即得釋放，嗣後遍遊歐美及東方各國，為革命之宣傳。在日時與黃興等組織同盟會，同事加入者益衆。

武昌起義時，適在英國，一九十一年底返華，被選為臨時大總統。清帝遜位後，辭去總統，委政權於袁世凱。翌年八年來京，備受歡迎，主導擴充國有鐵路甚力。九月十七赴太原，由該地返滬。孫氏鑒於北京官場社會之腐敗，主張國都移至南京或武昌，並以袁世凱陰謀顛覆民國，乃復為二次革命。失敗後，旋赴日本，一九二零年返上海。一九二一年返廣州，是年四月，被廣州國會選為中國大總統。一九二二年雖被陳氏驅逐，又返上海，但一九二三年，即復戰勝陳炯明，重返廣州，旋被譽為大元帥。曹錕賄選竊國，氏屢北伐，雖小勝，然義聲已播遐邇，去歲曹政府顛覆，國人乞氏北上，收拾時局，氏遂扶病北來，以民國十三年十二月三十一日由津入都，肝病日益增劇，遂以本年二月十二日上午九時三十分，在鐵獅子胡同行轅逝世，享年六十。

孫中山逝世後，海內外各界人士舉行的各種儀式的追悼活動，也是中國歷史上空前的隆哀盛況。據粗略統計，有當時的十七個省和今天的四個直轄市，以及上百個市縣，還包括當時在殖民主義統治下的香港和台灣。海外則有蘇聯、日本、美國、新加坡、菲律

賓、加拿大、墨西哥、英國、法國、越南、韓國的華僑及各界人士舉行了追悼孫中山的活動。當時參加追悼活動者，上至達官顯貴，下至平頭百姓。可以說，包括了黨、政、軍、農、工、商、學兵、教師、報人、僧人等各界人士，並包括海外的華僑和社會名流。當時據北京孫中山先生治喪處統計，從 1925 年 3 月 19 日至 4 月 2 日，各界人士赴中央公園（今中山公園）祭弔者就達 746123 人，團體達 1254 個，收到花圈 7000 餘面，輓聯 59000 餘副，橫條幅 500 餘件。4 月 6 日，治喪處發出謝弔函就達 23000 餘件。由此可以想見，國內的其他地方和海外的追悼大會所收到的輓聯、花圈，以及參加

◀ 1929 年 5 月 26 日，《大公報》刊出《中山先生靈襯今日南歸》，報道孫中山相關移靈及追悼活動。

的人之多，是難以統計的。這充分表達了人們對孫中山先生的無限哀思之情。

孫中山晚年北上，從 1924 年 11 月 13 日由廣州出發，至 1925 年 3 月 12 日在北京逝世爲止，共 122 天，爲國操勞，日理萬機。據粗略統計，僅以大元帥名義在張園的 27 天，給部下發出的指令、訓令等，就有 118 件；在張園接待的各界代表，見諸報端的就有 68 人；並在張園發出了長文《孫中山抵津後之宣言》，草擬了建國意見 25 條。由此可以窺視孫中山在整個北上途中，爲了消除軍閥混戰、廢除不平等條約，達到和平、統一、救中國之目的而鞠躬盡瘁，死而後已精神之一斑。

十、蓋棺定論稱「一代偉人」

1929 年，國民黨爲孫中山舉行奉安大典前《大公報》蓋棺定論，稱其爲「一代偉人」，原句作「一代偉人從此無復歸北方之日」。1929 年 5 月 27 日《大公報》刊載社評「送靈後之感想」摘錄：孫中山先生靈櫬車。昨夜八時半已由津南下。將依期泰安於南京紫金山。一代偉人從此無復歸北方之日。而四年以來，北方革命民衆以西山碧雲寺爲其讚仰之目標者，從此殆永抱寂寞之感矣。

抑此次奉安典禮，因籌備者重視隆重與莊嚴。或致減少與民衆接近之義。撫今追昔，未免遺憾，憶中山先生民國元年元旦由上海赴南京就臨時大總統之任也。啓行之時，滬寧北站歡送者無慮四五

▲ 1929 年 5 月 27 日，《大公報》刊載《送靈後之感想》，讚揚孫中山先生為「一代偉人」。

萬人。各專門學校學生，幾全體參加。小學校亦有數十隊。沿途如蘇州無錫等處。莫不見盈千累萬之民眾。各團體代表。皆自由至車窗前。紛求握手。亮無警蹕。南京臨時政府之最大典禮，為明孝陵。是日也，參加之軍隊及學生與民眾團體，不下一二十萬人。自朝陽門至孝陵，十餘田間，民眾密佈焉。

中山先生之受民眾感念，為其有愛民眾，信民眾之真精神，凡稱中山之徒，宜無時不體會此真精神。勿形式化、偶像化、甚至富貴化。不然，崇之似愈尊，誣之實逾甚。中央所定之正式名稱為「孫中山先生之墓」。此本名正言順，無可更易，而普通則稱為孫陵，或稱總理陵墓，謁墓者輒稱謁陵。

孫中山留給世人的最後一句話，我們應該百倍珍視，並牢牢記取，那就是刊於 1925 年 3 月 15 日《大公報》「國內要聞」的《中山飾終典禮之昨聞》，孫中山先生在生命的最後一息，仍然不斷呼喚的話語「和平、奮鬥、救中國。」當時梁啓超評價道「此數語實抵中山一部之著作」。相隔近百年後的今年，這句孫中山的遺言仍然猶言在耳，鼓勵我們積極致力於振興中華和促進祖國的和平統一事業。

資料來源：

1.《大公報》歷年版面

2.《大公報百年史》，方漢奇等著，2004 年 7 月

書　名：《中山路——「孫中山文化粵港澳行」文萃》

主　　編：丘樹宏　李大宏

責任編輯：王志民　王新源
裝幀設計：馮自培

出　　版：大公報出版有限公司
　　　　　香港仔田灣海旁道七號興偉中心 29 樓
電　　話：2873 8288

發　　行：香港聯合書刊物流有限公司
　　　　　香港新界大埔汀麗路 36 號中華商務印刷大廈 3 字樓
電　　話：2150 2100

印　　刷：美雅印刷製本有限公司
　　　　　香港九龍觀塘榮業街 6 號海濱工業大廈二期 4 字樓

版　　次：2019 年 7 月初版
國際書號：ISBN 978-962-582-069-9

定　　價：港幣 180 元